Vision

一些人物，
一些視野，
一些觀點，
與一個全新的遠景！

被FIRED也是一種祝福

像我一樣勇敢

吳美君 著

她是Olga

她的事業如日中天，更是媒體寵兒，卻在高峰被迫下台！

2007年1月，我離開了肯德基。

肯德基在2006年11月於海南島舉辦大中國區餐廳經理年會，當天晚上，我被Sam叫到他房間去，才半個小時的談話，他當面fire了我！

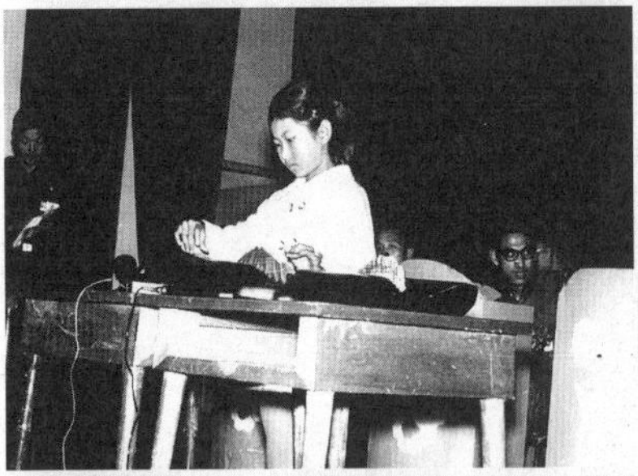

Olga是俄文，意思是「強壯的女人」。

我的英文名字是Olga，Olga是俄文，意思是「強壯的女人」。我是一個眷村長大的孩子，家裡雖然一點都不有錢，但父母從小讓我學遍所有的才藝，跳舞、古箏、國畫……。

我父親退伍前是岡山空軍機校的教官，他為人正直，他的道德觀念與價值觀也深深影響我。從小我就被家人視為「吳家的光榮」，這應該也是我為什麼能這麼有自信的原因。

麥肯的十個菜鳥

麥肯廣告錄取我後，我們十個菜鳥開始集訓，有位很嚴格的「教頭」幫我們上課，我極少主動發言。

其實我上課喜歡觀察別人發言，然後在心裡暗笑或讚嘆，另外一個我當時那麼安靜的原因是，我們的「教頭」看起來很嚴肅，我感覺她不太欣賞我。

果真，集訓一結束，我這個傻大姐就被分派到一個對公司最不重要的業務團隊裡，那個業務頭頭看起來就是個很不認真的人，他根本不太帶我學習，差一點我就要自暴自棄了。

「拜託！這哪叫帥哥啊?!」

剛進麥肯廣告工作時，有一天同事高興地跟我們說：「嘿！我跟一個帥哥工作耶！」

我們那時都是小女生，就說要去偷看她的帥哥主管，我當然也去湊熱鬧，這男生臉很瘦，眼睛大大的充滿自信，我瞄了半天他都不知道。我不覺得他特別帥，但有一種很瀟灑、很聰明的氣質，但不算帥哥啦！我回來用鼻子哼了一聲，告訴她們：「拜託！這哪叫帥哥啊?!」當年我很愛開玩笑，講話總是很毒！

而這位大家講的帥哥，竟成為我未來的老公，這就是健鵬與我的初相見。

（手握拳頭的是健鵬，最後一排左二的是我）

最美的客戶！芭比

在奧美我遇到影響我很深的客戶，叫美泰兒玩具，這是全球第一大玩具公司，因為預算小，在台灣奧美是超級小客戶，於是成為「入門款客戶」，專門給像我這樣的初級AE去負責，練練基礎功！

我欣喜若狂，常去玩具反斗城偷聽小女孩的對話，她們挑了好半天，突然決定要買一個特定的芭比了，她們說：「就買這個吧！因為這個有哇！那個沒有哇！」我衝出去看，原來她們決定要買的那個芭比，它是唯一一個架上有貼中文貼紙的芭比，寫著：「哇！芭比的頭髮好長喔！」

於是美泰兒後來發展出九十九元的「Triple WOW」，連續好幾年成為銷量最大的產品。

什麼事都不能阻止我懷孕！

那時候，健鵬摔斷了腿，打著石膏柱著柺杖，醫生告誡他「千萬不要做高難度的動作。」那……夫妻間的那件事？「當然算是高難度的！」我有點失望，不過我「要做就一定要快做」的個性又出現了，我就像個業務主管督導業績一般、任性的告訴健鵬：不行！體溫我不想白量，針我也不想白打，我一定要快速「達標」！

結婚三個月，我懷孕，而且一驗就是雙胞胎（大家都笑我，不只在工作上，連生孩子都很有行動力與效率！）

Olga不是一般的女人！

我婆婆是個與我南轅北轍的人，她做事細心，用錢節省，而我是個粗枝大葉、不會做家事、又愛敗家的媳婦！她當然看不慣。

健鵬夾在我和婆婆中間，他總是一再告訴我婆婆：「媽！Olga不是一般的女人！」我年輕氣盛，哪裡了解這句話裡蘊含了多少的愛？等到日後失去一切，我才猛然驚覺「包容」是愛的最高境界。

只是在當時，我並不知道後來我們的婚姻會發生問題，我更不知道一頭栽進工作的我與健鵬，後來竟會把這個家都弄散了！

「媽媽！你早就該搬出去了，你和爸爸天天都在吵架！」

我覺得自己在婚姻裡已經完全失控，我私下找到了一個房子，心裡只有一念：先分居吧，再看看情況會不會好轉……

我小心翼翼試探性的問：「李平、李安，媽媽搬出去好不好？」

我很怕他們哭鬧著說「不要」。

想不到玩著玩具的他們，不假思索的就說：

「媽媽！你早就該搬出去了，你和爸爸天天都在吵架！」

搬到新家的那晚，健鵬帶著孩子來了，他沒有怨懟，安安靜靜幫我組裝家具。

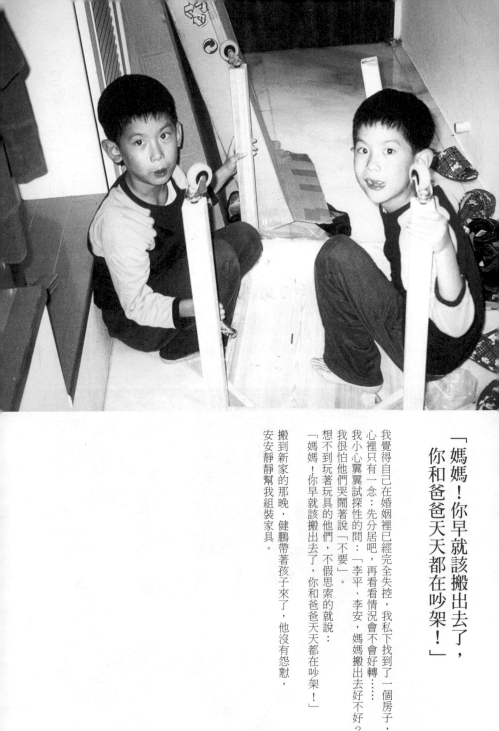

進入肯德基

跟健鵬分居，我也加入台灣肯德基，擔任行銷企劃部總監。在肯德基的第一年，除了做出許多膾炙人口的新產品與廣告，我開始學習公司各部門的專業知識，也同時愛上了這公司的一切文化！

您真內行！

我們設計了一個驚人創舉，就是全省肯德基的每一位餐廳櫃檯員工，凡遇到顧客點薄皮嫩雞，就一定要對客人舉手敬禮說：「您真內行！」生意好到炸鍋都不夠用！

月餅不要來，蛋塔發燒賣

蛋塔熱泡沫化的三年後，烤箱都結了蜘蛛網。我不死心，還在中秋節重推「月餅不要來」的廣告，新鮮熱烤效果奇佳，每天餐廳都有顧客排隊，年銷量從四十萬顆衝到三千兩百萬顆，甚至後來還推出四度C等各種口味，誰也沒想到一個死掉的產品重新活了過來，這真是奇蹟！

白天，媒體追著我訪問，我幾乎成了一個明星！

夜裡，在我裝潢精緻的豪宅裡，拿著電視遙控器轉來轉去，沒有耐心停留在任何一台超過三秒。有時候拿起手機，手機名單中A到Z全部按完，常常一通也沒撥出去。

睡前，我望著窗外，跑進我腦中的，竟然往往是我的前夫與兩個小孩！

我結了第二次婚，卻是跟同一個男人！

我決心追回前夫，受洗當天，對著一兩百人，公開的真誠認錯告白，讓台下哭成一團，卻沒打動前夫。我沒放棄，花了九個月終於贏回前夫的心，再結姻緣。

有朋友好心提醒我：「你的書要這樣坦承嗎？你是一個人家認為很成功的人，要寫出那麼多個性上或經歷上的缺憾或失敗嗎？」

我相信將我的經歷全盤拖出，可以幫助許多人，讓他們可以更勇敢地面對自己的靈魂！

來自各方的讚譽與推薦

（依姓名筆劃順序排列）

王子云（台灣雅芳股份有限公司總經理）
王文華（作家）
王文靜（商業周刊副社長兼總編輯）
比利（NEWS98電台節目主持人）
白崇亮（奧美集團董事長）
李晶玉（新聞主播）
孫大偉（偉太廣告董事長）
孫越（終身義工）
褚士瑩（國際NGO顧問）
黃永洪（建築設計師）
鄒開蓮（Yahoo!亞洲區董事總經理）

【推薦序二】

那個踢正步走路的飛利浦AE

孫大偉

高個、圓臉、明眸、皓齒，談話時習慣用黑白分明的眼睛直視對方，如果再配上兩條烏溜溜的大辮子，一定是文革圖畫裡一手挑扁擔、一手拿《毛語錄》的英勇女知青。

更有趣的是她勇往直前、虎虎生風的走路方式。抬頭、挺胸、上半身不動、兩手肘以下左右搖擺、天不怕、地不怕的往前挺進，還真像雙十節閱兵時女青年工作大隊在踢正步。

她叫Olga，剛報到的小AE。負責的客戶是飛利浦。

當年在奧美，尤其是服務外商客戶的業務部，每個人都要有個英文名字。不只是因為奧美自己是外商公司，而是因為要服務外商客戶的關係。如果勉強外商客戶稱呼Olga的本名吳美君，頓時整個公司形象都會有點鄉土起來。

這些小節，不是玩笑。

奧美第一回為飛利浦客戶贏得時報廣告獎時，客戶請我們吃飯。我破天荒的穿了一件西裝赴宴。那位北歐來的女客戶Oti突然笑著對我們業務的頭頭Shenan說：「David穿得太正式，好像恢復正常人，讓人突然覺得他失去了創意！」這句話是當年莊淑芬的現場即席翻譯。

當年飛利浦的廣告表現，尤其是平面部分，在媒體上的廣告海洋裡，自成一個與眾不同的獨特國度。不只讓消費大眾看了眼睛一亮，客戶的業績成長，並且在各地的廣告比賽中一再得獎。

飛利浦是當年奧美的招牌菜，是擦亮奧美創意招牌的櫥窗客戶，只有最最精銳的創意和業務，才會被分派到擔當此一任務。

這是個欣然自虐的過程。像是一群人在拚命尋找一座比一座高的大樓，設想如何在頂上架設飛利浦的霓虹燈。工作變成一種極限遊戲，但是人員的折損率也很高。

從六十分進步到九十分，好像只要埋首工作、付出辛勞代價，就能看到成果。但是當九十分過後，每想在往前挺進一分，甚至零點一分，都可能要再經歷過一遍前面的一百分努力。並且，最後還要靠點運氣。

我很幸運，從參與飛利浦的比武招親，到把她贏取進入奧美的那一天起，就擔任創意。直到八年後她因為外國娘家的全球婚姻同步異動，和我們揮手告別那天止，我竟然是唯一全程相伴、沒有一天離開過這個Team的人。

從為迎客而開門，到曲終人散，為送客而關燈。曾經粗略的估算過，包含客戶、業務、創意，飛利浦Team人來人往超過三十人。

對消費大眾來說，他們並不知道，也不在乎幕後的廣告工作人員更替有多頻繁。他們看得到，也感受得到的是你的廣告表現、你的談吐風格是不是前後一致？你的品牌個性會不會朝三暮四？因為這關係到他對你的品牌整體評價。

也就是說，廣告人員面對的挑戰雖然像是用種植盆景的心情去雕塑樹型，也要記得提醒自己不時要後退幾步，從造園、造景的角度去思考整體的林相走勢。

如果有個廣告創意單個看很精采，但是從策略的角度、品牌的角度來看卻有些不協調、或者違逆。我們會把它挑出來狠心剔除。不管它是不是看起來很強、很猛，或者會得獎。

我們不只是做廣告創意工作，我們其實是在替客戶經營品牌、做品牌的守門員。也就是後來奧美自許的品牌管家。

管家的工作，不是一場個人秀。他需要一個高水準團隊的背後支撐，在後配合。這也是為什麼，奧美得過的廣告獎項要用百來計算，但是在記憶裡，我這帶頭的人好像從來沒有上台去領過獎。優先被拱上台露臉的，都是團隊裡平常默默工作的成員。

Olga在這個隊伍裡，雖然不見得是外界矚目的光耀四射角色，但她忍辱負重、全力以赴的堅守崗位。不只讓團隊的工作得以推動，也一點一滴的增長了她日後下山在江湖行走的生存能力。

自從她離開奧美去當客戶後，我不時的聽到她在業界異軍突起、四處放火的英勇事蹟。別人可能會對這小女子的強悍風格表示訝異，我卻覺得那是她的基本功夫扎實，加上向來的真誠本色。

Olga不只帶頭衝鋒時霸氣十足，回頭道歉時依舊無比勇敢。翻開這本書，就能聽見她在職場上踢正步的聲響，但也要當心被她的滾滾淚水所燙傷。

我很幸運，曾經和這樣一位對自己的工作使命、對自己相信的人生價值，抱著堅強信念的夥伴一起賣命衝鋒過。雖然，事過境遷，在她轟轟烈烈、津津樂道的回憶裡，好像只留下聽訓挨罵的畫面。

【推薦序二】

沒有什麼事在Olga身上是不可能的

鄒開蓮

某個星期天，好友Olga在教會主日崇拜聚會後跑來告訴我：「嗨！Rose，我要寫書了！有出版社看了我在部落格裡寫的東西，覺得很感動可以激勵人……而且我決定自己寫！」我覺得很棒，並且一點也不詫異。

Olga是個熱情分享生活感受的人，她的文筆自然爽快文如其人，尤其在她開始寫部落格以後常聽到她告訴別人：「歡迎你上我在雅虎的部落格，只要打Olga就會找到了！」（真感謝Olga不知道為我們雅虎帶來多少流量）更主要的，作為Olga近二十年的朋友，別的不說，我至少了解一件事，即是沒有什麼事在Olga身上是不可能的。

有些人很早就可被看出領導力，但Olga卻一路讓人跌破眼鏡！從我認識她以來，長得像歌星葉倩文、有點傻大姊的Olga，有事沒事喜歡用食指、中指在髮尾轉啊轉的，對有興趣沒興趣的事與人態度冷熱兩極。

當我們在奧美當小AE時，她常向我訴苦被創意人當小妹。最狠的一次是Olga被客戶修理退稿，她回公司膽戰心驚的請創意改搞，卻被創意總監孫大偉訓斥：「AE不會賣稿子，跟messenger快遞有什麼兩樣！」Olga對厲害、有才華的人一向崇拜，不但不頂嘴、不驕傲，她還會頻頻佩服，勤加讚美，把吃苦、被修理當成磨練，就像寺廟裡低頭掃地挑水燒材樣樣接受的小沙彌，終究鍛鍊出她一身行銷廣告的好功夫。

她愛恨分明，對人對事都如此，對喜歡的產品和老闆可以付出百分之兩百的熱情和精力，但若是沒興趣就一點勁兒也提不起。Olga很早就了解到自己這個特質，多次職場生涯的轉接處，她聽從自己內心的聲音，選擇跨出去爭取機會，甚至創造機會。

她是一個很有說服力與感染力的人，當她要做一件事，她會巴不得現在就挽起袖子做，她會說的好像你再也找不到比她更適合的人了，那種衝勁與熱情就像是青少年談戀愛一樣！所以她一旦決定「要了！」她就一定會拿到，而她一旦拿到了，她更會不問報酬的全力以赴！這些特質帶給Olga比其他人更早晉升的機會：二十九歲坐上全球最大玩具公司Mattel的台灣總經理；三十五歲換跑道加入奇摩網站帶領廣告業務部，奠立後來雅虎奇摩合併後堅實的業務基礎；三十七歲成為台灣肯德基的總經理，創造出肯德基廣告和產品創新旋風式的高峰！

以為工作的成果和認同可以靠自己的賣命與忠誠獲得，直到一點一點的失去生命中最珍貴的人和關係時，她才驚覺不僅老公沒了、親子關係傷了，甚至老闆關愛的眼神也轉變了。她生命的低潮在一次一次工作的掌聲後洶湧排來；奇妙的卻也在職場失意的時候重新展開豐盛的生命之旅。那關鍵就是上帝。有了信仰，Olga下半場的經歷充滿了反省、勇氣、真愛與珍惜，讓人看到上帝如何改變一個人，如何翻轉一個家庭，如何修補破碎的關係，如何關心其他人，當然Olga即知即行的實踐力依舊驚人！

很多人聽說過Olga和他老公李健鵬很富戲劇性地破鏡重圓的故事，我感覺自己一起陪過他們經歷許多不尋常的章節，回想起來感觸更深。

他們一開始的夫妻關係就很「另類」。我晚上去她家，孩子是奶奶在看，老公去外面打電動，我們兩個帶著李平李安去餐廳吃飯，還好幾次意外的遇見健鵬一個人也在那裡。

週末我經常和Olga帶著兩個小毛頭雙胞胎兒子看愛情文藝片。我問她會不會不適合小孩，Olga說他們很乖，都配合媽媽，早就習慣了，不宜的畫面孩子還懂得遮眼睛！當然這對乖巧的孩子，也常陪媽媽加班做店訪，去陳列架上的玩具。

在外我很少看到這對夫妻甜甜蜜蜜的樣子，反倒是酷酷的像兩個朋友，這不是我想像Olga用「威脅色誘」要健鵬快快娶她所追求的婚姻生活，我只能想或許這也是一種另類的幸福。

Olga對健鵬的崇拜與意見上的依賴很讓人羨慕，健鵬也很了解Olga，總是在Olga埋著頭苦幹，看不清未來的時候，點出她該做的事，像是爭取晉升和轉換跑道，而她也總是「馬上辦」立刻奏效。

他是軍師，而她是帶兵打仗的大將，光環卻漸漸的集中在她一人身上，雖然健鵬不計較她的成功，但他的事業遇見瓶頸時卻沒有Olga堅韌的意志力與執行力，只見原地打轉，每下愈況。

Olga很努力，什麼都試，從性感內衣到兩人假期到大哭大鬧到冷言相激，卻什麼都沒用，像是所有廣告促銷都做完，產品卻一樣賣不動的沮喪。她再沒法回家面對憂鬱的配偶以及抓狂的自己，有一天她告訴我：「我受不了，我要離婚了。」

據說我是她身邊唯一勸她不要離婚的朋友。我知道Olga和健鵬不是不合，不是沒愛，而是他們都自私，還沒學會如何去愛人。那時我已經受洗成為基督徒，我相信Olga需要的不是一張離婚證書，而是找到愛的源頭——上帝。因此，我經常向上帝禱告，讓Olga認識主。

神，是聽禱告的神，他所賜的恩典超乎想像！

Olga過了一段單身熟女的生活，最懷念的仍是李健鵬和兩個日漸長大的兒子。Olga三不五時的會應我邀約星期天去教會，但也是有一搭沒一搭的，有一天她竟打電話給我說她想受洗，哈利路亞！感謝主！我知道上帝在動工，改變就要來了！

在教會生活裡，Olga看到自己的弱點，更感覺愧對家人。她拿出十足的勇氣，承認錯誤尋求原諒，關閉好久的幸福的門又為她開了。更重要的是，因著與Olga破鏡重圓，紈絝不羈的健鵬也奇妙的受洗成了基督徒，並且有了一百八十度的大改變！如今看到他們兩人真是好得不得了，互相欣賞，互相支持，那種信心與平安真是教人羨慕。

將近二十年的友誼，我與Olga分享過許多祕密與回憶，有的出現在書裡，有的只在我們共同的記憶裡。我在Olga身上學到了很多，她單純像個孩子的性格、即知即行的專注力，和無懼的勇氣經常啟發我。我希望你在她不掩飾的分享中，也一樣找到激勵你的故事。

自序

這本書的緣起，要從二〇〇七年初，我離開深愛的工作肯德基時講起。

二〇〇六年十一月十六日，我從最崇拜的老闆SAM口中聽到一個冰冷的決定：公司覺得我不再適合總經理的位置了。我被辭退了，被迫離開一個我以為會做到退休的深愛的公司，這對一向在職場上戰無不勝、攻無不克的我來說，是一場人生的劇變！

當下的過程中，有很多人為我感到不捨，但從頭到尾我沒一句對老闆或公司的怨言，關鍵是因為我有一個非常堅定的信仰，及一個非常有智慧的先生，還有一對非常成熟的雙胞胎兒子給了我鼓勵，另外，還有一個重要的原因讓我難過不到一天就好了，那就是：

我開始寫作了！

從我知道這晴天霹靂的消息的第二天開始，我寫下當時的心情及一些當時發生的故事，並將這名為「日記」的長篇文章email給一些摯友，因為他們怕我尷尬不太敢打電話問我，我就用那篇日記讓他們知道我很好，不用為我擔心！

收到的人都說感動極了，很多人邊看邊流淚，回信為我加油！說我是一個用生命在過活的人，讚美我對生命永遠充滿熱情，安慰我上帝對我自有安排……這些熱情的回覆，讓我很快又再度信心起飛！

是因為寫作的關係，讓我釐清了一些生命的優先順序！

因此，我更熱情地寫了！我開始用部落格記載我的生命故事及一些生活的點滴，我出門隨時都帶著數位相機拍下生活中的細節，一有空就寫下來，大家也看得津津有味，頻頻在我部落格上留話，我的部落格一下子累積了一百多篇文章、兩千多張照片，很多看過我的部落格的人，開始鼓勵我出書，他們說我的故事會感動許多人！

但我可從來沒有想過要出書！寫寫部落格還可以，真要寫書，我可得克服很多心理障礙呢！一來我其實是個耐心不夠的人，懶得寫長篇文章；二來我不想被別人以為我是在「炫耀」或「消費」我過去的一些成功與失敗，我對別人對我的看法還是有些在意！

直到有天，我得到一個當時還不太熟的朋友的鼓勵，開始考慮這件事情，那人就是王文華！

當時因為失業，我到先生創業的SPA去幫忙，有天收到朋友轉寄的一篇文章，那是王文華寫的〈沒有名片，你還剩下什麼？〉，其中有一段文字：「名片印著是執行長，雖然他也要負責清理魚缸……」我看著就笑了，那正是我的心情寫真啊！

我從一個凡事都有祕書跑腿、國際大企業公司的總經理，變成一個赤手空拳的小SPA創業者的太太，員工只有五人，我還真的常常要自己去掃廁所、幫客人拿拖鞋端茶，天天煩惱客人什麼時候會上門……

霎時我感動到立刻找到王文華的電話就打去，我只是想要謝謝他寫了那篇安慰我的文章，其實我們並不熟，但他竟然特地來SPA看我，他也看過我部落格上的文字，非常鼓勵我出書。

我當時非常開心地對他說：「王文華，你是暢銷作家耶！別人看過我的文章要我出書，我都覺得那只是鼓勵我，但你這個暢銷作家一說，我真的會心動喔！可是……我的文筆不好能出書嗎？」

他說：「**Olga！你的文筆很真，只要真，就會感動人！**」

再過了一年，我仍沒有出書，雖然已經有兩家以上的出版社找我，我仍覺得汗顏，因為我不知道自己的故事對別人的意義是什麼，我也還是在害怕別人覺得我在沽名釣譽。直到有天我的好友芳芳跟我說：「Olga！《聖經》說，在愛裡就沒有懼怕！你可以寫的，即使莎士比亞也沒有妳的經歷！」

是的！若是因為愛，我何需懼怕別人的看法？

我真心希望我的書能對人有益處，當下我就決定要出書，並且把所有版稅收入都奉獻給Good TV好消息衛星電視台建台計畫！

我的生命故事的確很有戲劇張力，我來自一個軍人世家，畢業時只有淡江英文的學歷，從沒出國唸書，但是卻能在二十九歲就當到外商公司的總經理；我結過兩次婚，但是是跟同一個男人；我曾經是肯德基全球第一個女性董事總經理，但是卻在事業的高峰被迫下台！這些經歷我都要寫下來，為了要幫助人而寫！

有朋友好心地提醒我：「要這樣坦承嗎？妳是一個人家認為很成功的人，要這樣寫出那麼多個性上、或經歷上的缺憾或失敗嗎？」這個提醒很重要！我想了一下，回答說：「重點是我根本不覺得我有多成功啊！」

我覺得我的失敗經驗比成功經驗更可貴！

我深以經歷過那些失敗為傲！《聖經》上說：「鼎為煉銀，爐為煉金，唯有耶和華熬煉人心！」我相信所有失敗或苦難的經歷，是上帝給我的祝福！講句聽起來像是玩笑但其實是我的真心話，那就是：

我認為上帝是看得起我，才讓我有那些失敗的經驗！

因為祂知道我可以承受得住，並可以因此更成全，完備，毫無缺欠！

我希望我的故事能對一些在婚姻或事業上走不出來的人有所啟發，我也願意與任何需要幫助的人對談。

我相信將我的經歷全盤拖出，可以幫助許多人們，讓他們可以更勇敢地面對自己的靈魂！

也許你在讀我的故事時會嚇一跳，怎會有像我這樣一個衝動且沒有深思熟慮的人，卻能有這麼多耀眼的故事。我感謝上帝給我的恩典，我感謝我的父母家人對我成長過程中的灌溉！我也知道上帝對我有偉大的計畫，祂要我為祂做萬人的見證！

僅以此序對所有幫助過我的人，致上最深的謝意，因為你們，我可以有如此豐富熱情的人生！謝謝你們！

目錄

希望你能……再給我一次機會！

講完最後這句話，我心中好像放下一塊好大好大的石頭！我深深吸口氣，講台下烏壓壓一片，幾百個人已經哭成一團。我完全不知道自己是怎麼「逃離」講台的。

二○○四年底，不知道是不是從信仰中生出的勇氣，我打了通電話給我的「前夫」健鵬，告訴他我即將受洗成為基督徒，這是人生中很重要的一刻，我邀請他帶著雙胞胎兒子李平、李安來觀禮。

在那時，我的婚姻是破碎的，人生是孤獨的，我常在夜裡淚流滿面無法入睡，我甚至得了憂鬱症，我

受洗當天，對著台下一兩百人，我對前夫說出：「希望你能……再給我一次機會！」

不知道我的人生除了職場上華麗亮眼、人人豔羨的「女強人」光環，還剩下什麼。

隔著電話，我看不到「前夫」的表情，只聽到他用很「健鵬的口氣」說：「受洗？受洗有什麼好看的！我可是拜拜的喔！」

那段時間，健鵬也處在他的人生低潮期，我們離婚後兩個兒子跟他，事業開拓又不順利，電話中他淡然冷漠的回應了我，但到底那天他會不會來？掛了電話後，我一點把握都沒有。

於是，我又傳了一個簡訊給他。簡訊真是人類偉大的發明，它讓你可以說出一些不好意思講出口的話。我的簡訊寫道：

健鵬，我本週日的受洗典禮，你真的會來嗎？最近我好幾次想在電話裡跟你說幾句話，但說不出口，那就是——過去都是我的錯，請你原諒我！希望週日能看到你！

簡訊送出去前，我看了又看，我知道這很大膽、很冒險，但心裡卻是很開心及期待……

沒想到受洗那天，他真的帶雙胞胎來了，我開心且內心激動。

我要改變！我必須改變！

我必須很誠實的說，其實要受洗之前，我連《聖經》都沒有讀過，我只知道：「我要改變，必須改變，我不要再沉淪在憂鬱黑暗當中……」我清楚地知道，我有改變的決心，且有很大的信心！

按照典禮的進行，我必須上台先講見證，目的是要告訴大家我「為什麼信主」的心路歷程。

我事先準備了一張講稿，從我的成長歷程開始說起，一直講到我的婚姻狀況，並且向台下兩百多位來賓介紹了我的前夫與孩子，我照稿演出，一段一段敘述著過往婚姻中的種種，說到雙胞胎寶貝與我的關係時，我頓了一下，一時間我無法照著我的講稿說下去了，或許是有個聲音跑進我心裡，要我必須說誠實的話語，也或許是個性使然，我天生就是個非常坦白的人，不喜歡隱瞞事情，也不想隱瞞我的憂慮，我甚至想著：「是不是我說出我的問題，神就會帶路？一切就會真的如有神助？」我是個非常單純的人，這個單純的念頭，突然讓我信心滿滿，更加勇敢而熱情。

當下我不再看稿，而開始憑著感動講了。就從下面這幾句開始，我開始說出我內心深處一些不為人知、很深很深的苦：

……我這一生最大的挫敗不是在工作上，或是其他方面，而是在我孩子身上。我不知道怎樣跟我的孩子相處……我的孩子都是我老公在帶，其實我和我的老公已經結束了我們的婚姻關係，但我還是一直叫他老公，因為我覺得叫他前夫很絕情。當我在小組的時候，有人跟我說：Olga，你知道《聖經》上說做妻子的應該順服自己的丈夫，丈夫才會感到幸福，而丈夫也要愛妻子，願意為妻子捨命……我從來沒有聽我老公的話，都是他聽我的……

講到這裡，想到健鵬多年來的苦，想到自己的憂傷與自責，滿心壓抑的情緒排山倒海湧來，我再也克制不住，讓眼淚大顆大顆的掉下來，幾乎是哽咽地向台下幾百人講出下面這段話：

……我的老公現在就坐在台下，我從不想叫他前夫，他真的是一個好人，他是一個好爸爸，他是一個好老公，他是一個很孝順媽媽的人，他是一個負責任的人，可是，我過去都看不到他這些優點，只去看他的缺點，我從來都不懂得感激他，更不懂得順服他。前天我發了一個很長的簡訊給他，請他原諒我。今天受洗前，我還問他能不能把這段講出來，他說不要，但是，我還是要說：健鵬！過去都是我的錯，請你原諒我……希望你能……

轟動武林的「教會道歉記」！

講到這裡，我心裡很緊張，幾乎聽到自己的心跳聲，我問我自己：我希望怎樣？我在幹嘛？但是心裡那個聲音卻比我的焦慮更強，隨即我脫口而出：

「希望你能……再給我一次機會！」

講完最後這句話，我心中好像放下一塊好大好大的石頭！我深深吸口氣，講台下烏壓壓一片，幾百個人已經哭成一團，我完全不知道自己是怎麼「逃離」講台的。滿臉眼淚的我，也不知道自己有這樣的勇氣，可以當著大家向前夫道歉，求他原諒我！

我急忙找著健鵬的眼神，只見他坐在那裡，臉上沒有任何表情，很「酷」的板著一張臉，我衝過去抱他一下，他身體是僵硬的、四肢是僵硬的，沒有任何反應，兩個兒子張著眼望著我們。

我來不及去想像「後果」，只見場面有些混亂。朋友們哭花了臉，一個個走過來緊緊抱著我說：「Olga，你真的好棒！」

突然，我心裡有平安了。我雖然不知道我們到底會不會復合，但是先道歉再說。

大家都很好奇健鵬當時怎樣反應，事後健鵬回憶起這個轟動武林的「教會道歉記」時說道：「唉！我哪裡只是嚇一跳？我根本是整場都嚇了好大一跳！在當時我跟Olga分居離婚都四年了，就算因小孩關係還有互動，但我總對她冷言冷語，有一天她突然跟我說她要受洗了，叫我去觀禮，我其實是千百個不願意，且又是冬天一大早，我那時又拜關公又信密宗，但是很多人打電話來說：這對Olga很重要，於是我只好硬著頭皮去。那是我人生第一次正式走進教會，我還記得那天很冷，進去後看到一堆人唱歌，感覺全身不對勁，難過翻了，然後Olga上台講見證，還對我道歉，叫我再給她一次機會，然後一堆人哭成一團，當場我已經呆若木雞！渾身僵硬！一心只有一個念頭：『門在哪裡？趕快逃吧！』我呆立在那兒，還有人來抱我！但我就像個木頭人，Olga看我很不自在的樣子，就問我要不要先回去，我一聽如釋重負，當場牽著兩個兒子就狂奔出去，我還記得當我走出教會時，還深深吸一口新鮮的冷冽空氣，喔！我自由了！」

健鵬總是可以把很悲情的事，講得很爆笑！他這幽默感與胸襟，真的世間少有！

其實，我想健鵬在當下是感動的，因為連李平、李安都說很感動啊！

健鵬只是不會表達罷了，他說當時他不是自我保護或退縮，而是他已經在黑暗憂鬱中太久了，真的沒力氣到了極點，即使我向他釋放愛，他也沒有能力接受！

我那句：「請你原諒我，希望你能再給我一次機會！」真的很好用，任何夫妻吵架時，都應該學著用這句話道歉！

當著全教會兩百多位弟兄姊妹面前，我勇敢地跟前夫道了歉。

這勇氣到底是從哪來的？我想是神在動工吧！祂知道要挽救這個破碎的家，就這次機會了！

只是在那個時間點上，我並不知道後來會發生什麼事，我不知道健鵬會不會再一次向我走來，我也不知道我會從職場的高峰摔落，我更不知道從這一刻開始，我要走向一條與人生上半場完全不同體會的道路。

而這一切故事，就讓我把時間拉到二十一年前開始說起……

麥肯廣告生涯

我這麼辛苦剪出來的帶子，老闆還要從頭到尾看一遍才放心。有一次她看到某支片子有一點點不穩定的感覺，閃了一下，才一點點喔！她就說：「啊！閃了一下，回去重錄吧！」

這是不是很挫折？但是我仍不叫苦，只是告訴自己：「跟這樣堅持完美的老闆做事，我將來一定會很棒！」

有人說：「男人要當過兵才會成為一個真正的男人。」我認為「不管男人女人，要經過廣告公司的磨練，才會成為一個好的行銷人！」我的職場生涯第一個四年，就是在廣告公司，這是我人生非常重要的一個起點。

我的行銷與廣告能力的養成，都跟我在廣告公司學過的很多基本功有關，我深深以自己曾在廣告公司做過四年的經驗覺得值得。

我不是廣告或企管系畢業的，當初怎麼會進得了廣告業呢？一九八七年底，我剛自淡江英文系畢業，本來只想乖乖做個祕書或英文老師，但當時我淡江英文系大我一屆的學姊王興，在廣告公司做事，她告訴我那時有一堆廣告公司正蓬勃發展，需要會講英文的人去應對外商廣告主。

王興問我有沒有興趣去應徵？我聽著眼睛都亮了，想像中廣告公司的工作，大多都是創意人員，寫廣告詞的文案、幫客戶寫廣告片的腳本，這些工作可比當呆板的英文老師有趣得多，更何況我從小就愛講故事，更是喜歡寫文章的點子王，大學時我還曾得過校內最佳導演獎，這些不都是廣告公司創意人員的暖身操嗎？我立刻自信滿滿，巴不得馬上就可以去面試！

直到面試那天，我才知道人家要的並不是創意人員，而是「廣告AE」，Account Executive，是廣告公司的創意部門與廣告客戶間的「中間人」，或說是個「橋樑」。AE要去執行客戶的廣告預算，給客戶建議，做出更有效又為公司賺錢的廣告。

AE的本質，其實是個業務，我雖然有些小失望，但也覺得沒什麼不好，雖然我不是廣告傳播科系畢業的，但心裡想著英文系畢業的我若是面試過了，就可以去做廣告，有多新鮮哪！肯定比做祕書好玩！而且聽說AE還可以看免費的雜誌，真是太棒了啊！

這是無聊大叔的問題，還是創意面試？

當年我才剛大學畢業，之前只做過三個月的祕書，祕書的工作很枯燥，天天都在打字跟翻譯，哪稱得上什麼經驗？廣告公司真的會錄用我嗎？管他的，我就在面試時盡量表現自我就是了！

記得面試時，廣告公司主管一字排開，坐在我面前會議桌另一端，一個個向著我這端提出不同的問題。面對我這個大學剛畢業的菜鳥，他們當然無法問我關於工作經驗的問題，反而很有趣的，他們問了一些很怪的問題，其中印象較深刻的幾題是：

「你在大學做過什麼有趣的事？」

我說我在大學英文系獨幕劇比賽得過最佳導演獎，因為從導演、配樂、道具……全都是我一人包辦！忙完了這些幕後瑣事，晚上還得督促同學排戲，甚至因為他們不認真排戲，我還臨陣換角，和同學吵了一架，我又要學著溝通協調人與人之間的問題……

等，我說得熱情又興奮，好像那些事情歷歷在目，我是個超級會說故事的人，他們也聽得津津有味！

又有一題問到：「**你有沒有等人等過很久的經驗，有多久？你反應如何？**」

我說到在大學時代，曾經約了一個我很喜歡的男生在後火車站見面，我等了將近三小時他都沒有出現，那是一個沒有手機的年代，我只能痴等，三個小時後我才放棄地離開。

這過程中，我不斷想著：「是他忘了嗎？還是路上出了車禍？」到最後我下了結論是：「喔！Olga！你被他放鴿子了。」我沒有幫那男生找藉口、自己騙自己，當年我直覺的反應是：我要為自己打氣！我在心裡對自己說：「Olga！他這樣明白表示出對你沒興趣也好，省得浪費時間！你這麼棒，不愁將來沒人要，這是他的損失！」

還有一題問到：「**你在什麼情況下會哭？**」

我回答：「失戀吧。我的大學初戀男友在我們交往三年後，狠狠地背叛了我，我哭得很慘！我對他很好，但他把我甩掉了，我哭了好幾個月……但是我覺得是他沒這個命。我現在來應徵廣告公司的工作，聽說要常常加班，我忙起來應該會很快忘掉他吧！」

這一系列很坦白的回答，我竟然錄取了！事後想來，這些問題都是很有意義的！

你注意到了嗎？**這些問題可以問出我的耐性、韌性、領導潛質，這些都是一個AE要有的特質。**

因為AE常常要等客戶開會，等創意的作品，我可以等一個人等三小時才放棄。這一條要考的是「耐心」；因為AE是客戶與創意之間的橋樑，難免要常受些委屈，接受客戶對公司的指責，吸收創意對客戶的不滿。

我說我男友背叛我時我哭了，但我可以告訴自己要找個忙碌的工作去忘掉他，繼續向前走，這一題要考的是「韌性」、面對挫折之後的態度；AE既是一個橋樑，也是一個發電機，常常要帶動工作，即使是小AE，也要有領導力，當我說我做導演時要管理那麼多大大小小的事，還敢把同學得罪換演員，這就是「膽識」。有膽識就能做大事！這些看似無聊大叔才會問的問題，其實隱含了多少工作的祕密！

當然，我被錄取了。我高高興興地去廣告公司開始我的廣告生涯。這家廣告公司叫麥肯廣告（McCann Erickson），當時在台灣擁有雀巢、可口可樂……等大客戶。

報到第一天，我才知道原來有十位跟我同期一起被錄取的大學畢業新鮮人，這是因為麥肯廣告想要培養自己的新人，以備未來組織擴大的需求。

拜託！這哪叫帥哥啊？

錄取之後，我們十個菜鳥就開始整整一個月的集訓，有位很嚴格的「教頭」幫我們上課，教導我們廣告公司的專業課程，像POP（Point of Purchase，就是店頭的海報，宣傳品的意思），Media Plan（媒體計畫，就是客戶的廣告預算要上到電視或報紙……等媒體的預算計畫）……等，課程雖很新鮮，但好似又回到校園枯燥的課堂上，一個禮拜之後，我的心思就不知道飄到哪裡去了。我無法進入狀況，也極少主動發言。

其實我這個人從小到大上課都不太發言，上課時我多半喜歡觀察別人發言，然後在心裡暗笑或讚嘆，我不會說出來；另外一個使我當時那麼安靜的原因是，我們的「教頭」看起來很嚴肅，我感覺她不太欣賞我。當人在一種「感到不被欣賞」的環境中時，當然很不會表現自我。（所以，對部屬表現「鼓勵」與「賞識」，真的非常重要！）

果真，集訓一結束，我這個傻大姐就被分派到一個對公司最不重要的業務團隊裡，那個業務頭頭看起來就是個很不認真的人，他根本不太帶我學習，差一點我就要自暴自棄了。

記得我第一次去客戶那裡，就是去送完稿。

什麼叫完稿？就是客戶要上的報紙廣告由廣告公司先做好的黑白打字稿，並加上「標色」與「正片」，送去給客戶簽認後，才可以交給媒體部送去報社刊登。

客戶看到我送去的完稿時，第一句話就問我：「正片呢？」

我腦袋空空，想著：「正片？什麼是正片？」天哪！好糗！我說：「等等，我打電話問一下。」

主管接到我電話差點昏倒，說：「Olga！你連正片都不知道？你上個月上課時都在睡覺嗎？就是完稿背後貼的那小紙袋裡的一些底片啊！你趕快找出來啊！你不要丟臉哪！」

我趕快從小紙袋拿出正片給客戶。這真是糗死了！我簡直比公司門口櫃台接電話的總機小妹都不如。

當時與我同期的學員，每個都分到不同的業務部去服務不同的客戶，最認真的學員當然就被分到可口可樂或雀巢之類很大、很重要的客戶去做，他們做起來真的虎虎生風，看起來也都比我專業，其中有一個學員被分配去做國產汽車及一些預算很大的本土客戶，她的主管很認真的帶新人，像是「比稿」這些重要時刻也都會帶著她去見習，她高興地跟我們說：「嘿！我跟一個帥哥工作耶！」

我們那時都是小女生，大家一起鬨，就說著要去偷看她的帥哥主管，我當然也去湊熱鬧。我假裝辦事情，走到那位主管的位置前面的隔板上方，偷偷往下看到這個男生，他正在寫東西，這年輕男生看來臉很瘦，眼睛大大的充滿自信，在辦公桌想事情時，還會自言自語，我瞄了半天他都不知道。

我其實不覺得他特別帥，但有一種很瀟灑、很聰明的氣質，但不算帥哥啦！我心目中的帥哥至少要身高一百八十，這個男生看起來頂多才一百七十呢！

我回來用鼻子哼了一聲，告訴她們：「拜託！這哪叫帥哥啊？」

當年我很愛開玩笑，講話總是很毒！

而這位大家講的帥哥，竟成為我未來的老公，這就是健鵬與我的初相見。

很多人都想做雀巢啊！你很光榮呢！

我的AE生涯一開始其實挺挫折的，但是幸運的事很快就發生了！

不到兩個月，有天主管跟我說：「Olga！你要換部門了，公司要把你調到雀巢專戶去，因為你英文OK，可以跟老外客戶溝通，下週起你就不用再跟我做了。」

雀巢！那是公司最重要的客戶啊！多少人想擠進去！我壓抑著心頭的雀躍興奮，揮別了第一任主管。從此開始了兩年的雀巢專戶小AE生涯，練就一套「蹲馬步」的功夫。

麥肯經營雀巢這個客戶很辛苦，雖然客戶預算很大，但他們不太願意接受新的idea，提案就一直過不了關，老是用舊片上廣告，這樣廣告公司要如何展現價值呢？而我的主管的信念就是：把業務服務做到頂級！

麥肯是一個非常非常「業務導向」的公司。什麼是頂級服務呢？就是不管客戶要求什麼，我們都要說「Yes！馬上辦！」

當時我擔任雀巢奶粉的AE，客戶對我的第一個要求便是「第一年不准進客戶公司的門」。

每次去到雀巢，我只被允許坐在客戶公司的大廳沙發區，等候主管開會完畢，由他告訴我會議中決議的事項，我再回去執行。當時客戶的頭頭是一個很跋扈的老外，他的想法是廣告公司的AE一天到晚跳槽，若不做滿一年，難保這個AE不會跳槽到別家公司去，到時候一併把他們的業務機密洩露出去。

這個做法當然有其考量之處，但我總覺得太不尊重我，也太不尊重麥肯的專業，心裡很不舒服。但我的主管告訴我客戶就是這樣，相反的，我應該要感到光榮，因為我是負責雀巢的。只有大客戶才有權利這樣要求。我非常單純地相信了，也非常開心地做了一年見不到客戶的AE！

主管交辦給我的事情常常跟廣告沒什麼大關係，而且通常是別人看來很卑微的小事，不過我都做得很高興，因為主管總說：「很多人都想做雀巢啊！你很光榮呢！」

什麼事是微不足道的事呢？除了小AE經常要做的檢查完稿、校錯字、寫會議紀錄、核對媒體的廣告cue表、寫工作單……之外，我老闆常常叫我去跑腿幫客戶買東西，有次客戶辦聖誕晚會，突發奇想要送員工一個叫「Jack in the box」的美式玩具，可是不知道怎麼買、哪裡買、——這樣的疑難雜症，他們一通電話就打到廣告公司。

「馬上辦」中心小AE的「超級執行力」！

這跟廣告有什麼關係？

是沒關係，但是客戶都開口了，「馬上辦」是我們的精神。

我老闆掛了電話，「馬上辦」的轉頭對我說：「Olga，你今天下午就去天母找找看，那是一種好像轉一轉，就突然有一個小丑會跳出來嚇你一跳的東西。唉！我也不知道那是什麼東西，但我猜這種美式玩具八成在老外最多的天母、那種聖誕玩具店應該找得到吧！」

我一聽立刻出發，一整個下午，我就在天母大街上一家一家的問，居然還真的被我找到了，拿回公司給老闆，「馬上」看到他滿意的笑容！

我覺得我真是棒透了！

這件事辦到後，後來連在綜藝節目上看到有個防色狼的噴霧器，客戶都想到要叫我們去買，這差事當然又落到我身上，這次我學乖了，不再去「掃街」了。我腦筋一動，就透過媒體部找到那節目製作單位的人，問出銷售通路，一買到絕不拖時間，「馬上」坐計程車送到客戶辦公室去！

其實我連客戶都不准見，但我也能開心地幻想當他收到時，一定會覺我們廣告公司真是棒！這樣就心滿意足了！

還有個超無聊的苦差事，但我也做得津津有味的，就是錄帶子！雀巢這樣的大公司有很多產品，除了雀巢奶粉，還有麥粉、咖啡、美祿……每個產品都有各類不同的競爭對手，我老闆覺得要給客戶頂級服務的方法之一，是每個月我們應該準時做出一個超級完整「月報」。

月報中有一個目的是要讓客戶知道最近一個月來，競爭對手出了什麼廣告，每支廣告用什麼策略，支支都得寫出一張策略分析單，而為了讓客戶可以一次看盡所有的競爭對手廣告片，我必須幫公司找到這些片子且剪輯成一支錄影帶，再加上字幕在每一支片子的前面！

光是蒐集到這些別人的廣告片，而且還要蒐集到畫質最清楚的母帶，就要費很多功夫！首先，我要去拜託公司的製片部，到別家製片公司調借別人的片子母帶，調來的帶子加起來應該有一百多支，這些很重的帶子得要用好幾個超大又超牢固的白蘭洗衣粉的麻袋才裝得下、提得走！

每個月我都要提著這幾麻袋的別人的廣告片，去一家叫做「模你達」的後期製作公司，花整整兩天，吃好幾個便當，才能剪出一支完整的月報帶子。

在「模你達」邊吃便當邊看剪接品質，成為我最難忘的回憶之一。這剪帶子過程非常非常繁複，為了找樂子，我一邊剪接，一邊還會跟別人批評分析這些別人的廣告，其實也是很好的學習過程！

我這麼辛苦剪出來的帶子，拿回公司給老闆後，她小心翼翼的還要親自從頭到尾看一遍才放心。有一次她看到其中一支片子的畫面有一點點不穩定的感覺，閃了一下，才一點點喔！她就說：「啊！閃了一下，回去重錄吧！」這是不是很挫折？

但是我仍不叫苦，只是告訴自己：「**跟這樣堅持完美的老闆做事，我將來一定會很棒！**」

這十五年來，我自己當廣告客戶，也有機會讓廣告公司來提月報，每次看到他們的小AE非常「戒慎恐懼」地向我介紹競爭對手的動態時，我都想到當年我在麥肯的樣子。通常我會很慈愛地勉勵他們不要緊張，告訴他們說，其實他們正在做的事情，真的真的非常有意義！不要小看自己！

我有時也會用我當年錄帶子的事情去鼓勵我廣告公司的小AE，我說：「你們在跟我做月報時，已經很有深度了，而且我現在是親自聽你們簡報，還會跟你們討論這些如何運用到我們的產品活動上，以前我做這個工作時，只能剪接帶子給老闆去檢查用啊。」

但是當年我每個月錄出來的那支帶子，被老闆帶去客戶那兒後。到底有沒有客戶在看？我猜應該是常常被放在客戶桌上，從來沒有被看過吧！

我的前兩年廣告生涯，就是不斷地做著這些別人眼中的「小事」，但我卻認為是在做超級棒的「大事」中度過，而這也練就我一身廣告AE的「超級執行力」！

我竟然愛上公司主管……

從第二年開始，我終於被允許「晉見」客戶了，老闆交給我一個工作叫「Monthly Trade Letter」，就是每個月要幫客戶設計印刷一份供經銷商參考的各類商品的促銷訊息，例如中秋節前就要多進一些咖啡禮盒，還有「進十二箱貨，就送一箱」之類的訊息，這就是所謂的trade marketing（通路行銷）。

這類通路行銷的做法，直到二十年後的今天都還是很適合用於消費品業！可以說我在做廣告小AE的時候，我已經在學習如何做客戶了！所以不要小看這些小事情，每一件可都會對未來的我有幫助呢！

每個月我都很興奮地去向雀巢的每一位產品經理要資料，所有的產品將做什麼通路促銷，每個月都要拿幾十種產品包裝回來拍照，編寫促銷訊息，完整、有條理地交給文案寫。

這樣的工作其實非常繁複瑣碎，每個月都做這件事，十幾個月下來，越做越沒成就感！熱情也漸漸磨平了！我開始萌生跳槽的念頭。

或許這也不是主要的原因，最重要的因素是，我和公司一位主管談戀愛了。

那時看到同期進來的AE，雖然負責的客戶沒有雀巢這麼大，卻有機會去做比我更具挑戰性的工作，例如跟老闆去比稿、上台提案，真讓我羨慕，尤其是當時的那位帥哥——李健鵬，他更是比稿大王！他每次出馬都一定比得到，公司很器重他！

有陣子，他的座位就在我旁邊，我的客戶是外商，他的客戶是以本土客戶為主，他有過人的口才，客戶很喜歡他，在公司中他走路好像都有風，而我這個天天只會幫老闆提完稿袋，永遠只能做些跑腿工作，且一次提案都沒提過的小AE，真是非常崇拜他！我們幾個小女生叫他：「帥哥哥！」他也很喜歡跟我們開玩笑。

傳說當時他還有好幾個女友，有個是公司裡的文案，還有人說他固定的女友是在做股票之類的，總之，他被說成很花就是了，同事有次還特別提醒我們這些小女生說：「小心不要愛上李健鵬！」

健鵬講笑話非常好笑，幽默極了！他不但能讓我笑翻天，後來他發現我也具備幽默因子，開得起玩笑。每天下午，他就在比較不忙時找我講笑話，他說這叫做「五四三（台語發音）時間」，就是要講些不三不四的話。

後來因為我們兩個同時討厭一個同事，下班後他會打電話給我一起批評這個人，我們用狠毒的字眼把人家批評得體無完膚，然後大笑！覺得越罵越有默契！我們之間也就這樣聊了開來。

有天他突然開口叫了我一聲「美女」，雖然夾雜在許許多多的話語裡，但我心中還是一怔，那不是平日他刻薄玩笑的語氣，我想有件事情正在發生，在我心裡，也在他心裡。

健鵬開始約我出去吃飯，他很怕同事看到會說閒話，通常會先打內線電話到我位子上說：「Olga！我現在下樓去開車，然後我會把車子停在路口第二根電線桿等你，你要偷偷地下電梯來找我，然後呢，我們就可以像一對狗男女一樣地，偷偷去吃飯！」狗男女？多難聽啊，可是當時我卻覺得他好笑斃了！

我從小就喜歡幽默的男生，男生如果嚴肅或無聊，對我來說等於得了絕症！

就在我們開始約會一陣子，我覺得怪怪的了，他到底把我看成什麼？是女朋友嗎？可是他明明還有其他的女友啊！

我決定要找他把話說清楚！

「健鵬！你車上的那付太陽眼鏡是誰的？還有那一條女生的腰帶是誰的？你跟我約會不怕她們知道嗎？」他說：「這些人最近出國，她們休假中。」這答案很滑頭，但也很有「策略」。

過了一兩個月，我很奇怪他幾乎天天約我，就問他：「你那些休假中的女友是不是該銷假上班啦？」

他說：「她們不會回來了！」

在廣告公司談戀愛，環境很開放，但是辦公室戀情總是引來許多玩笑與異樣的眼光，讓我們感到很尷尬。

就在此時，我的學姊王興再度介紹我到奧美廣告面試，當時奧美是所有廣告人的夢想殿堂，因為他們創意很強，得獎無數，健鵬非常鼓勵我跳槽，他認為這是一個大好機會，從「業務導向」的麥肯廣告，去「創意導向」的奧美，這不正是我這個階段該學習的嗎？就這樣我義無反顧的辭職了。

到如今我都覺得麥肯兩年對我的人生真的太重要！我學到很多基本動作，知道什麼是頂級服務，怎樣執行所有廣告製作的細節……最重要的是，我在麥肯廣告，找到了我未來生命中最重要的一個人！我的人生才會變得這麼精采！

奧美廣告的磨練

兩個小女孩在玩具反斗城挑了半天，突然決定要買一個特定的芭比了，她們說：「就買這個吧！因為這個有『哇』！那個沒有『哇』！」

什麼是「哇」？這真是個消費者心中的黑盒子，我一定要打開！

我進入奧美廣告，是在一九八九年底，當時正是各家廣告公司百花齊放的時期，因為奧美有非常鮮明的「創意導向」的形象，我帶著非常大的憧憬與理想進去，想學到真正好的創意、一窺廣告的神聖殿堂！

過去兩年，雖然我在麥肯廣告負責雀巢這個大品牌，但雀巢一路走來始終如一，堅持一片打天下，只要播「我就是喝這個雀巢奶粉長大的喔！」這支舊片，我完全沒有機會發揮創意，真是非常遺憾。所以進入奧美時，我就期許自己一定要好好抓住機會，做出好的創意作品，至少為自己留下一些紀錄！

我要改、我要變，我要從基因開始不同！

我的運氣很好，一到奧美，第一個客戶就是「飛利浦小家電」，當時飛利浦出了一系列廣告，像是：「飛利浦電熨斗——飛利浦之後一片平坦。」「飛利浦吸塵器——靜靜的吸，吸得淨淨」……文案標題非常簡潔有力，平面設計也深具氣質格調，這些廣告詞不但讓消費者朗朗上口，還獲獎無數！

這些膾炙人口的廣告，背後的創意人員可不是泛泛之輩，他是當年的創意才子、現在人稱「廣告教父」的孫大偉。孫大偉那時是奧美的創意總監，下面帶領著一批現在都是廣告業界大師級的資深創意人員，像吳力強、張偉能、馬原……等，我都與他們合作過。他們打下了美好的一仗，為飛利浦奠定了很高的標準。

但是同時間，最大的難題來了，飛利浦廣告接下來要如何「突破」？客戶也被奧美養大了胃口，他們的期待是張張都是得獎稿！但是做創意的人都知道，精采的創意是不可能天天都有的。

奧美的廣告提案制度，創意是幕後人員，大多不會跟著AE去客戶那兒提案，因此負責幕前工作的AE，就要扮演好捍衛創意的角色。

我還記得，每次我準備要出征之前，大偉總是會說：「Olga，提不過就不要回來！」每次聽到這句話，我都冷汗直冒，深怕提案過不了，我不知道該怎麼回公司面對他，就怕他那一句：「Olga！叫你去提案，還不如叫快遞去提案！」

好幾次我帶著廣告稿子去飛利浦，客戶看到後，第一句話就問我：「怎麼又跟以前一樣？」

我都不知道該怎麼向他們解釋：其實那是故意的啊！奧美是很有策略、想法的公司，不是客戶要什麼我們就給什麼。

為了要讓這個品牌的廣告有一致性，他們會堅持某些重點，以飛利浦為例，這個廣告一定要「Product as hero」，也就是產品是唯一的英雄，畫面上不能有人，剩下的只是文案，而文案也固定要走幽默但有涵養的調性……總之，這些「堅持」是內部一再討論、找到加強品牌形象的方法後，所定調的廣告策略。

但這樣的好意，在我接手之後，不知道是因為客戶看膩了呢？還是我的運氣比較不好，每次提案都很難過關。

前面提到過，麥肯是一個業務導向的公司，我在麥肯所學的是：客戶是付錢的老大，他們要的，我們都要盡量去滿足他。

但是到了奧美這個全然創意導向的公司，即使客戶要改一個字，我都得戰戰兢兢的說：「不行啦！我要回去問創意這樣可不可以……」從一個凡事要對客戶說「是是是、好好好」的人，我突然變成對客戶說「不不不」的AE，有段時間，心態很難一下扭轉過來。

每次出門提案都像打仗一樣，為了捍衛公司的創意，我必須挺起胸膛跟客戶對抗，並不斷對自己加強信念：「創意堅持的是對的，客戶改一點點都不行！」

我天生是個業務精神很強的人，看到客戶根本不同意我們的堅持而想改稿時，其實心裡真覺得不以為意，公司實在太堅持了！難道改一下會怎樣嗎？我又急又怕，覺得兩面都不是人！心裡為難極了。

我只能告訴自己，我要開始改變自己，甚至連「基因」都要改變！

我要變成一個真正的奧美人！

改變必須先有認同，為了更深入了解這些創意夥伴的個性，我開始找機會和他們混在一起！

罵我最兇的就是你啊！

當時在奧美的創意夥伴真是臥虎藏龍，其中有一個超級有名的大咖就是范可欽——二〇〇六年年底他因為規劃「倒扁運動紅衫軍」而家喻戶曉，不過那樣堅持反叛的精神，我在奧美時就認識到了。

當時我跟他配合「立頓紅茶」的廣告，范可欽主導了一支「越紅越要冷靜」的作品，產品是立頓冰紅茶，廣告的內容是在棒球場上，一個棒球員大棒揮出了全壘打，全場球迷瘋了似的沸騰歡呼，球員臉上掩不住得意與驕傲，教練用立頓冰紅茶敲自己的額頭，暗示他要冷靜，但他卻沒看到這個暗示，飄飄然的跑回本壘時果然忘了踩本壘板，揮出全壘打卻沒得分，結尾出現「立頓冰紅茶，越紅越要冷靜！」十足黑色幽默！

這支廣告片播出後產品也賣得嚇嚇叫，只是客戶心、海底針，他們竟覺得產品大賣，這支廣告不是功臣，因為他們認為立頓的目標消費群是女生，應該捨棄這種冷笑話方式，只要舒舒服服喝冰紅茶就夠了，立頓用這個理由要求我們發展一支新廣告片。

我黑著臉拿回這樣的工作給范可欽時，他氣死了，劈頭罵我一頓說：「這種爛策略你也敢叫我做廣告！去告訴客戶：她瘋了！」

我額頭上出現的何止三條線，我既不能對創意回嘴，更不敢得罪客戶。

結果這個腳本一直難產，我只能以拖待變。

終於有一天，讓我等到了范大咖休年假去，我火速找上他的代理人，立刻把客戶要的「舒舒服服喝紅茶」的腳本畫了出來，內容乾淨清爽，就是兩個女生騎著腳踏車，騎到河邊發現橋斷了，她們過不了河，索性就停下車坐在河邊喝著立頓冰紅茶，結尾出現一句：「一種可以分享的清涼！」

客戶一看就喜歡，當場拍板定案就要拍片。提案過了，我當然很興奮，但是難題又來了，因為此時范可欽銷假上班了。

他知道這個消息當然非常生氣，堅持他不要拍這種大爛片，但我已經箭在弦上，所以還是找導演拍出來了。沒想到「大爛片」效果奇佳，客戶做測試發現消費者就是喜歡這種舒舒服服、清清爽爽的感覺。等到下回立頓要推冰奶茶的時候，希望我們再用同樣的策略再做一支廣告。

我硬著頭皮寫了工作單，要交給范可欽，進他房間時他正跟一群創意人員在「ㄉ十三支」，我支吾半天、完全無法引起他的興趣來聽工作，他邊打牌邊問我說：「Olga！你沒辦法教客戶改掉這個爛策略，我就不幫他寫腳本！」

天哪！我的胃都要絞起來了，只能蹲在地上等他打牌，還要不斷陪笑臉說：「對啦！是爛策略啦！可是客戶不管就是要嘛！你就幫幫忙，寫一下文案嘛！」

他還是不理我，我蹲得累極了，就拿個小板凳坐在他旁邊繼續等，一邊看他們打牌，一邊想他到底簽不簽工作單啊？

等了將近一小時，我的纏功奏效，他終於不耐煩的大叫：「煩死了！哪！拿去！」他將工作單往我臉上一揮，然後又補了一句：「走開！別來煩我了！」

我將工作單翻過來一看，上面寫了一行字：「一種可以分享的香濃！」

就這樣工作單沒簽名，但文案已經寫好在工作單背面了。他雖然口裡拒絕，但火速一下筆就是文案！這是我工作歷程中非常經典的一件事！

我在奧美這樣卑躬屈膝的日子，倒也和創意人員培養出許多情感，還有百折不撓的精神。我雖然常被創意罵，罵到創意部每個人都聽得清清楚楚，但也有人為我講話，像孫大偉就曾為我抱屈，他說他曾經罵過范可欽不可以這樣對Olga！

但說這話時，大偉忘記了，整個奧美罵我罵得最兇，甚至讓我在主管面前哀怨大哭的，正是他孫大偉啊！不過，多年後，大偉對我說：「欸！凡是被我罵過的奧美AE，將來都很有出息耶！」

這也是事實，奧美當年與我同時期的一群AE，像我的死黨鄒開蓮（Rose），現在是雅虎亞太區副總裁，我的主管沈祥梅（Carol）現在是雅詩蘭黛中國區總經理，還有至少十幾個現在各大廣告公司或外商消費品公司的總經理，都是當年我的同期AE，說奧美是「總經理訓練班」一點也不誇張！

WOW！WOW！WOW！芭比！

在奧美我也遇到了一個影響我很深的客戶，叫美泰兒玩具（Mattel Toys），這是全球第一大玩具公司，生產芭比娃娃、風火輪小汽車、火柴盒小汽車、迪士尼玩具……等，非常有名，是奧美洛杉磯分公司第一大客戶，但在台灣奧美卻是超級小客戶，因為一來預算小，二來他們主要是將國外的廣告片直接翻譯成中文，搭配旁白就OK了，工作非常單純。

於是美泰兒就成為奧美AE的「入門款客戶」，就是專門給像我這樣的初級AE去負責，練練基礎功！

雖然是基礎學分，但是當主管告訴我要我去接美泰兒時，我張大了嘴、睜大了眼睛，我在心裡尖叫一千遍：「WOW！WOW！WOW！芭比……」是的，私底下我真是愛死芭比娃娃了。

第一次到Mattel的辦公室，我雀躍不已。雖然這辦公室不像我其他的大客戶，像聯合利華或飛利浦看起來那樣專業氣派，五十坪大小的辦公室，亂七八糟的擺了一堆紙箱子，像是個小小亂亂的貿易公司。但是我一點也不在乎，一轉頭看到架子上陳列著一排芭比娃娃的樣品，我簡直忘記我是來工作的，忍不住像個小女孩一樣歡呼尖叫！

當時第一次見到Mattel的總經理，是個新加坡調來的華人John Ong（王春成），John剛來台灣上任，非常拚命，因為當年美泰兒曾大起又大落，幾乎要發不出薪水來，因此John非常需要立刻了解台灣市場怎樣做。

他眼見我對芭比的熱愛，慷慨的說：「Olga！你這麼喜歡芭比，我就要讓你的辦公桌上擺滿芭比！」於是他要我隨意拿走架上任何我喜歡的芭比。

我簡直欣喜若狂，搜括所有不同造型的芭比不說，就連芭比的衣服、配件、家具、車子、房子……全都帶回了公司，擺在我的辦公桌上。每天我跟客戶講電話時，把聽筒夾在肩膀上，我的雙手都還能不停地玩芭比，為她編頭髮！

到了週末，我還會找辦公室同事的小女兒來我家跟我一起玩芭比，想看她邊玩邊說什麼，每一句話都讓我好奇，創意充滿我的腦子，這樣培養我的consumer insight（消費者洞悉），其實是一種最直接的方式！

哇哇哇！就是那個「哇」！

那段時間，我也常去玩具反斗城賣芭比的粉紅色巷子（Barbie Lane）去偷聽小女孩的對話，讓我興奮地發現好多新點子！

有次我在玩具反斗城芭比巷子看到兩個小女孩在選芭比，她們兩個一邊挑一邊聊天，說：「喔！這個芭比沒穿褲子沒穿衣服，羞羞臉！」我一看，原來她們在說的是一個穿著比基尼泳裝的芭比！喔，原來小女孩覺得這樣的芭比很醜很噁心。

「這個芭比穿蓬蓬裙好漂亮喔！好像要去參加舞會！」我聽出她們好嚮往有一天可以跟芭比一樣穿著蓬蓬裙去參加舞會！

「這個芭比房子好漂亮喔！有粉紅色的紗紗窗簾耶！」我聽得著迷極了！好想跟她們一樣擁有那張芭比夢幻床！

她們挑了半天，突然決定要買一個特定的芭比了，她們說：「就買這個吧！因為這個有『哇』！那個沒有『哇』！」

什麼是「哇」？這真是個消費者心中的黑盒子，我一定要打開！

我衝出去看，原來她們決定要買的那個芭比，是一個「長髮芭比」，它是唯一一個架上有貼中文貼紙的芭比，那中文貼紙寫著：「哇！芭比的頭髮好長喔！」那個芭比的頭髮長到腳踝，真的很長，但我相信是因為那個中文貼紙拉近了芭比與她們的距離，其他芭比都是英文包裝，她們看不懂寫什麼。

於是第二週我去美泰兒見到John就迫不及待分享我的觀察，我告訴John以後要少進泳裝芭比，因為她看起來沒穿衣服，對台灣小女孩來說；芭比讓她們可以投射她們的自我形象，可以圓她們對長大的夢想！

接下來我說到那個「哇！」的故事，我說得口沫橫飛，我還帶動作加上表情地表演給John看，我告訴John：「就是那個『哇』！讓她們想買！」

John聽了覺得有意思極了，就說下一階段每個廣告商品都要有中文貼紙，都要寫句「哇！」因為他說應該就是這句「哇！」拉近了小女孩與芭比的距離，他跟我想的一樣！於是他後來發展出一個九十九元的芭比鞋梳組，包裝上用中文寫著：「哇！芭比有七雙不同顏色的高跟鞋耶！哇！還有一雙芭蕾舞鞋耶！哇！還有一支梳子耶！」三個哇！他叫這英文為「Triple WOW！」

結果這個九十九元的「Triple WOW」大賣，竟然連續好幾年成為銷量最大的產品。當小女孩玩芭比時，很容易弄掉一隻高跟鞋，這款「補充包」的鞋梳組的確會受到歡迎，再加上三個「哇！」十足「助興」的效果，當然大賣囉！

就這樣，John開始視我為最懂消費者的夥伴，我講的每一句話他都很喜歡聽！我越來越有自信，即使幫Mattel做事的時間很少，都被那幾個大客戶佔去，但我真是愛死Mattel這個客戶了！我還幫John把原來英文的廣告用配旁白的方式改為配唱的方式，讓它更好看、更吸引小女生，因此John的業績開始成長，而我也得到相當大的成就感！

像我這樣地用觀察消費者的方式去發掘consumer insight，是一種很棒的方式。常常，我和健鵬去逛超商買東西，在櫃台上看到香菸禮盒的包裝on pack一個贈品，我們都忍不住討論一番，分析出「消費者會因此而買這產品的好贈品」，或是「行銷人員可能拿了贈品商回扣的爛贈品」。

客戶笨，創意爛，我在這兒幹嘛啊？

可惜做美泰兒廣告的時間佔比並不多，快樂的時光也不多。大部分的時候，我還是在其他大客戶那裡被罵到臭頭、被殺價到斷頭，被創意修理得挫折連連，我的主管Carol常說我們倆是「苦情姊妹花」！在那樣鬱悶的工作裡，只要有一根引信，很多事情都會發生。

有一天導火線出現了。

奧美有一個固定每月一次的AE大會，會議中集聚公司所有的AE，原意是讓大家分享最近面對客戶的心得，也互相激勵。有一次我在大會中聽到別人可以為了要堅持捍衛創意去教訓客戶，我就很誠實的說我做不到，因為我的客戶像立頓都很兇……

有個AE非常不以為然的接我的話：「哼！要是我，就有辦法叫客戶聽我的！客戶有時要用罵的！」

這在我聽來簡直是驕傲到不可思議！

而說出這種話的AE卻是紅到不行，做出的廣告也常常得獎！

我呢？我只能分享我做Mattel的心得，卻沒有什麼人覺得了不起，我沒得到肯定也就罷了，有時還有人會挖苦說：

「Olga！你就做這些小花小草的事讓客戶開心？」

真是打擊！

當時我的主管Carol在AE大會後跟我說：「Olga！若有一天我會離開奧美，有一個很重要的原因就是我討厭這個AE大會！」沒多久Carol真的辭職了，她的理由是：「我完全沒有完成我的工作。客戶笨，創意爛，我在這兒幹嘛啊？」

聽了真是讓我難過，Carol那麼疼我，她走了後還有誰會欣賞我呢？還記得當時政治新聞有所謂主流派、非主流派。我哀怨的跟健鵬說，我與Carol是奧美的非主流派，健鵬很毒的回我：「你們根本稱不上非主流派，你們是沒流沒派！」

我終於動了離職的念頭，這次我告訴自己：我再也不想做廣告了！我・一・定・要・去・做・客・戶！

當時，我不知道這個念頭居然會把我帶到一個全然不同的職涯去，我不知道我在廣告公司四年學到的東西能發揮到什麼程度，我也沒有想到在廣告公司超級不紅的我，會那麼快就做到外商公司的總經理，更沒有人看好，我將可以成為一個廣告公司覺得最有挑戰性的超級名客戶！

趕進度的第一次婚姻

不巧的是，就在那時候，健鵬不小心摔斷了腿，打著石膏拄著枴杖，醫生告誡他「千萬不要做高難度的動作」。

那……夫妻間的那件事？「當然算是高難度的！」

我有點小失望，不過我「要做就一定要快做」的個性又出現了！

我與健鵬第一次結婚是在一九九二年，當年我二十七歲，他也才三十歲，以現在的標準來看我們算是早婚了。

與健鵬交往開始到第二年時，我覺得有件事情很奇怪，就是他為什麼都不帶我去見他家人。不論我怎樣明示、暗示都沒用，這讓我感到沒有安全感，夜裡胡思亂想覺得這段感情他根本只是玩玩，並不想有什麼結果！

為什麼要跟別的男人約會？

拚著心中的一股氣，我唆使同事幫我介紹別的男生，有個天真的同事真的幫我約了一個客戶友人，安排我們一起去基隆算命，順便吃個飯。或者我也是個天真的人吧，也或者我想製造一些激力，第一時間我心裡想的竟然是把事情告訴健鵬。

健鵬冷冷的說：為什麼要跟別的男人出去？

我大剌剌地回：「健鵬，我都跟你在一起兩年了，你都沒帶我去見過你的家人，你根本沒有想跟我結婚的打算是嗎？如果是這樣，我們幹嘛繼續交往？我交男朋友就是為了要結婚的，否則不是浪費時間？我告訴你，女人的青春有限，我再過幾年就不美了！你要是沒打算跟我結婚，我就要跟別的男人去約會了！」

那一天，健鵬非常生氣跟我吵了一架，吵完大家心裡都不好過。幾個小時後，他突然跑回來對我說：「Olga！你不要走！你對我真的很重要！你明天不要跟別人去約會好不好？」

其實我心裡哪裡想和別人約會？如果真的有意願，也就不會告訴他了。就這樣，我終於去見了健鵬的家人，踏踏實實的又交往了兩年，我們終於決定結婚了。

我後來常常想，這個過程幾乎都是我採取主動攻勢，健鵬有點像被我逼上梁山的，這對一個女生來說好像很不可思議，但我認為沒有什麼不可以，我們想要的，不就應該主動去追求嗎？

我要賺大錢，讓你過最好的生活！

結婚典禮是在晶華飯店舉行，同樣都是廣告公司出身的我們，當年為了結婚的準備工作，還寫了一本《婚禮企劃書》，把所有婚禮籌備的大小事情鉅細靡遺都寫下來，每件事都有特定的檢查表，甚至連我爸將我交給健鵬時說的話都記錄下來了，我還記得我們在筆記本上寫下：「吳爸爸露白牙說：『我把女兒交給你了，你要好好照顧她。』」

當天的婚禮按照習俗舉行，我們的賓客有五十桌，有人上台致賀詞說：「祝福早生貴子，一年生兩個！」穿著白紗的我還故作嬌羞狀，沒想到我們真的第一年就生了兩個！

那段時間，真的是人生最璀璨的時光，我們多麼年輕，愛情正熾，事業正在走上坡，兩個人都活力充沛，滿心對未來的憧憬。

度蜜月的時候，我們帶了錄影機，有天夜裡，我們用錄影機互相錄下一些願望，當時健鵬意氣風發的對著鏡頭說：

「我要賺大錢，讓Olga過最好的生活！將來我們的小孩一定是小雅痞，他們全身一定都是穿名牌，還會上貴族學校，我們將來要有一個大房子，房子一定要有個游泳池！但上面要加個蓋，免得小孩掉下去……」

這是夫妻間私下的密語，但也可以看出，這正是當年我們心中最積極的想望：事業成功、賺大錢，讓孩子過好日子！

結婚三個月後，我懷孕了，而且是雙胞胎，（大家都笑我，不只在工作上，連生孩子都很有行動力與效率！）當時我剛到美泰兒半年，公司有個女同事很積極想懷孕，卻好多年都沒成功，每個月週期到了，希望落空的那一天，她總是帶著傷心、苦口婆心的告誡我說：想生就要快生，最好先去檢查一下有沒有不孕，若沒有，就要趕快計畫懷孕。她還說年紀輕的女人生的小孩比較健康。

我一聽覺得這太有道理了！就立刻進行所有身體檢查、找有名的婦產科醫生、量體溫、計畫懷孕的動作！

什麼事都不能阻止我懷孕！

整個過程真的是紀律生活的耐心大考驗，每天一早起床，還沒下床第一件事就得先量基礎體溫，詳細記錄體溫高低峰，帶去讓醫生分析，忍痛打針吃藥，知道了哪一天是受孕期，再依據醫生的指示，按時間「照表操課」……

這一切都讓我這個沒耐心的人煩死了！想想那時正是新婚燕爾，可是當我們把懷孕變成一種「目標」時，每天洗完澡上床的那一刻，就像是小學生坐到了課桌椅前要開始做功課的感覺，不但壓力很大，坦白說掃興至極！

第一個月到了，驗孕發現失敗的那天，我氣得好想打人！工作上任何事情，不論成功失敗，都會留下成績、都會有所累積，但這件事兩個人是「白忙」一場，竟然毫無收穫！

生完氣，第二個月起，我不屈不撓，告訴自己：這個月一定要「達標」，只要懷孕成功，我就可以「休息」了！

不巧的是，就在那時候，健鵬不小心摔斷了腿，打著石膏拄著柺杖，醫生告誡他「千萬不要做高難度的動作」。

那……夫妻間的那件事？「當然算是高難度的！」

我有點小失望，事情都進行到這樣了。不過我「要做就一定要快做」的個性又出現了，我就像個業務主管督導業績一般、任性的告訴健鵬：不行！事已至此，體溫我不想白量，針我也不想白打，我一定要快速「達標」！

後來，每每思及李平、李安能這麼「有效率」地來到這世界上，就會想起那一天拄著柺杖的健鵬、他那張哭笑不得的臉，當然還有他滑稽的石膏腿，然後我就忍不住在心裡大笑起來。

結果，就真的在健鵬「掰咖」時期，我們「懷孕目標」居然達成了。那天早上，我拿著驗孕棒從浴室衝出來，高聲的對健鵬說：「成功了！我懷孕了！」

他背對著我躺在床上，我看不見他的表情，只見他肩膀一聳一聳的低聲笑著，我一直沒搞清楚，那究竟是電視劇裡壞人們「詭計得逞」的奸笑呢？還是好人們終於「如釋重負」的傻笑？

那年我們都很年輕，我才二十七歲，他才三十歲！人家說結婚應該要先過幾年兩人的自由生活，但我們都沒有享受過！

Olga不是一般的女人！

我懷孕的速度很快、發胖的速度也超快，不到五個月肚子就大到好像快要生了一樣，後期肚子大到像一張桌子，可以打麻將，連吃橘子都可以把橘子皮放在肚子上當桌子用！

肚子大成這樣不打緊，我的臉腫得像月亮、手腳腫脹到像一串芭蕉，十根手指無法正常握拳，早上刷牙也握不住牙刷！又因為懷的是兩個兒子，雄性荷爾蒙激增，我整臉都是黑斑，鼻子腫得像蓮霧，隱形眼鏡也不能戴，每天上班前化完妝把眼鏡一戴上，看到鏡子中自己的醜樣子，就有一股想把鏡子砸爛的衝動！

懷孕過程中我的脾氣超壞，天天對健鵬生氣，加上常加班出差，心浮氣躁的真是令人厭惡！

當時因為新婚跟婆婆住在一起，我與健鵬住婆婆家的頂樓加蓋，我們婆媳相處一開始非常不好，不是她對我不好，而是我當年年輕不懂事，非常不耐煩她的碎碎唸。

我婆婆是與我南轅北轍的人，她做事細心，用錢節省，一手把四個兒女養大，是個好偉大的女人！而我是個粗枝大葉、不會做家事、又愛敗家亂買東西的媳婦！她當然看不慣。

健鵬夾在我和婆婆中間，扮演很重要的角色，他總是一再告訴我婆婆：「媽！Olga不是一般的女人！」

我年輕氣盛，哪裡了解這句話裡蘊含了多少的愛？等到日後失去一切，我才猛然驚覺「包容」是愛的最高境界。

只是在當時，我並不知道後來我們的婚姻會發生問題，我不知道我們度蜜月時許下的願望是這樣的誤導我們的人生，我更不知道一頭栽進工作的我與健鵬，後來竟會把這個家都弄散了！

芭比娃娃生涯

有次我告訴開車載我的經銷商說：「王老闆，你看前面巷子內就是我家，我為了跟你催收帳款，都沒有時間回家，你就可憐可憐我吧！快點付錢給我們吧！」

哪知道我話一說完，就看到我年邁的父親從巷口走出來倒垃圾，我尖叫：「啊！我爸爸就在那裡！」

要離開奧美之前，我心裡只有一念：「我・一・定・要・去・做・客・戶！」我再也受不了天天被客戶罵、被創意兇、被同事看扁的感覺了！

剛好有個機會，以前的主管介紹我去聯合利華面試旁氏「產品經理」的職缺，我們雙方相談甚歡，很快就定下了上班的時間。沒想到如此順利，我就要去做「客戶」了，而且還是奧美的大客戶，我胸中一口鬱悶之氣紓解不少，我也認為所有的委屈都會被平反！

夢想就要實現，我很快的提了辭呈，但心中卻有著不安，有天我忍不住對我的主管Carol說：「奇怪！就要去旁氏了，為什麼我卻興奮不起來呢？」

Carol說：「你做廣告公司AE，常常換客戶，換產業，每個案子都是新鮮而有變化的，你可以喜歡這個不喜歡那個；但做客戶不同，你一天到晚要面對的是同一個品牌及產品，所以**你必須確定你很愛那個品牌或產業！**」

天哪！一語驚醒夢中人，這就是關鍵：我一點都不愛這個品牌啊！我難以想像每天都面對旁氏冷霜或旁氏洗面乳，這不是我衷心喜愛的產品，我怎麼為它加分？我老實告訴Carol我的恐懼，希望她可以為我開導該怎麼辦，我都答應人家要去上班了，公司也都要歡送我了。

Carol突然說：「你不是很喜歡美泰兒（Mattel）的芭比娃娃嗎？John又那麼喜歡你，你為什麼不去找John談談呢？」

毛遂自薦？這樣好嗎？John有缺人嗎？？？我很快給自己一堆問號！

Carol說：「就去試試啊！」

我受到了鼓勵，立刻就打電話給John。

常常有人說我的「超級行動力」是無人能及，但我自己明白更重要的是，我採取行動力之前的關鍵時刻，都是因為我身邊總是有像Carol這樣的好教練在緊要關頭「開釋」我！讓我把一些事情想通！事情一旦想通，我總是會「義無反顧」地就去做！絕不延遲任何一秒！**我不喜歡拖延，我喜歡看到「對」的事情一直有「進展」！**

John一接電話，我就開門見山地說：「John，你知道我要離開『奧美』去『旁氏』了吧？但是我心裡有些疑慮，不確定自己會喜歡那個產品，我很後悔，想問你Mattel有沒有缺人，我很希望去做芭比娃娃！」

John非常豪爽的立刻約我當晚到一家啤酒屋面談。他說他很喜歡我的熱情，但他警告我要從頭學起，因為我只懂廣告，不了解任何產品管理、定價、庫存管理、通路促銷、營運後勤……等，我聽了不但不害怕，還覺得很興奮，因為我知道我喜歡芭比，這些我一定可以學得很快！

我的熱情與膽識，總是我最好的敲門磚！

那晚在啤酒屋一談完，John立刻就找我進美泰兒了。從此我最愛的客戶，變成了我的新老闆。

進美泰兒那年，我二十六歲，我從一個小小的芭比「產品經理」做起。工資很低，但工作內容很多元！從到國外選產品、下單採購、決定零售價、抓準利潤、設計中文化包裝、製作電視廣告、船期追蹤、說服經銷商或大客戶採購進貨、提高鋪貨率、看緊店頭陳列、追蹤銷貨明細、清倉計畫、增減訂單、修改財務預測……這些工作在大公司可能有七八個部門分工專精做的事，在美泰兒時，我全部包辦，真是萬能產品經理！

當時我與健鵬已經交往四年正準備要結婚，那是剛進美泰兒的第二個月，記得結婚前一天我還加班到很晚，因為剛入行，事事都新鮮，每晚加班也很開心。

結婚那天喜宴，我媽媽看到John還兇巴巴地問他：「你就是老闆喔？你們公司是在做原子彈啊？怎麼我女兒結婚前一晚還要加班？」

John是一個非常「草莽」的人，他不是科班出身，從不需要靠市調分析做判斷，但他卻可以從亂七八糟的狀況突破重圍，找出做生意的機會，理出最有效的方法！他常憑直覺做事，這一點我跟他很像。

我在廣告公司就很討厭那些市場調查的資料，覺得又臭又長，分析半天還不如我判斷得快，而且我是行動派的，跟John這樣的快手做事，我覺得很過癮！

Olga！是你上台解說玩具，我才下大單的！

John喜歡親力親為，我也跟著有樣學樣，從不覺得總經理是高高在上的，他帶著大家一起吃苦一起衝，**我則挽起袖子跟著他學做所有的事情，甚至連清倉大拍賣，自己去發DM，在賣場大聲嘶吼叫賣……樣樣我都來！**John也會常常請我們去他家，親自燒菜給我們吃，大家都很信賴他。從他身上，我學到很多不一樣的「企業家精神」！

漸漸地，John把我變成像他一樣的「工作狂」了。有一天，John突然問我要去哪裡度蜜月。我說我還沒想過，天天加班，我連婚假都沒請啊！

John的眼睛閃出光亮，他立刻建議：「那你們要不要去馬來西亞度蜜月？」

我還沒會意，他又接著說：「馬來西亞有美泰兒的工廠，你去度蜜月，順便去工廠看看、認識一下幹部，聊一聊，這樣會有助於將來要做本土化的包裝。」

於是我們真的去了馬來西亞，但我得先去看完芭比娃娃工廠才可以去度蜜月，好笑的是，當我到工廠時，John告訴工廠的同事我正在度蜜月，他們開玩笑地對John說：「You have no heart！」

我最擅長的是銷售，雖然我做產品經理，一般是只要負責做做行銷廣告執行即可，但我非常在意鋪貨量大不大，所以**每次為經銷商舉辦的VIP show，我都會親自上陣使出渾身解數，唱作俱佳的熱情宣揚我們商品**。我激動的表現常讓客戶熱血沸騰下大訂單！客戶冷靜之後，常對我說：「Olga！是因為你上台解說這玩具，我才想下大單的！」

粉紅色的萬里長城

我對這個工作的熱情，從幾個難忘的故事可以看出來：

因為公司要求年年業績成長的壓力很大，今年創了新高，明年他還要你更高！但是台灣的市場有限、通路有限，如果通路不展店開店，怎麼可能年年成長？店數無法增加，我只能拚命讓客戶在訂單上加量。

不要問客戶給你什麼，要先問你給客戶什麼，我絞盡腦汁想辦法。記得有一年我帶經銷商及玩具反斗城等大客戶去美國看玩具展，在芭比展入口處的電視牆上，看到一支長達三分鐘年度芭比廣告時，我覺得「這廣告實在太偉大了！」它將你帶入一個意境：We girls can do anything！讓人覺得芭比已經不只是個娃娃，它甚至可以啟發小女孩的心靈成長！

當我繼續熱誠地導引著客戶進入展場後，先看到各種職業的芭比，像老師芭比、空姐芭比、CEO芭比、醫生芭比……其中還有一個「芭比夢幻床」，粉紅色的小床是所有女生的夢想，我立刻問玩具反斗城採購說，要是他們願意包下一個「天量」，我願意為他們製作一支電視廣告，廣告結尾讓消費者知道這產品「只有在玩具反斗城才買得到！」

因為有獨家銷售機會，且還加上一支量身訂做的廣告，反斗城當然心動，訂單數字尾數立刻多加了一個「0」！就這樣，我的業績不但大幅成長，廣告費也有了著落！

但我們的工作還不會就此停住，在廣告上檔前，所有反斗城的陳列工作，我們也包辦了，我帶著公司員工出差，一家家將廣告商品全從倉庫搬到賣場入口、轉角明顯處、結帳台、走道，賣場的好位子全都大量落地陳列，保證任何小女生一進去，就能感覺整個反斗城好像有好幾座「粉紅色的萬里長城」（芭比的包裝是粉紅色的）！

還有一次，我知道麥當勞兒童餐要送一檔芭比與風火輪玩具，其實麥當勞兒童餐送的不是真正的芭比，只是一個小小的塑膠公仔。

我馬上去找麥當勞談聯合促銷案，我希望他們可以在活動檔期中，把餐盤上的餐盤紙墊印刷改成一系列我們在反斗城所販售真正的芭比系列玩具，且餐盤紙墊截角還有個去反斗城就可折價的優惠。這個廣告，對麥當勞而言，提升了他們贈送贈品的心理價值，對我們來說，一毛錢廣告費都不用，憑著這餐盤紙墊，反斗城又下了一張好幾十倍的訂單！

玩具生意真是非常的刺激，因為生命週期很短，要常常推陳出新，一旦訂下廣告商品，就要下很大的量給工廠生產，並且要在未來台灣舉行的VIP show中，讓所有經銷商相信我們的挑選，經銷商們才會在上廣告之前大量進貨，一旦大量進貨後，我們全公司所有人都要火速到全省出差，把所有的店頭都掃一遍，看陳列夠不夠漂亮，排面夠不夠大，這還沒完呢！

廣告上檔後幾乎三天內就可以看出好不好賣，如果好賣，通常很快就斷貨，再加訂不保證來得及，如果不好賣，我們要立刻想辦法降價促銷，但那些當初訂的貨，蹲在倉庫很難賣出去怎麼辦？有時只能用組合包的方式銷售，把娃娃與配件搭在一起特賣。

這種事情走一輪都很辛苦了，可是我們一年到頭有五百多種玩具要上市，有二十多個廣告商品要打廣告，我幾乎天天都在精神緊繃中度過！

在這樣的拚命下，不到一年，我們的業績就從兩千五百萬衝到了一億！表現這麼好，John也很快高升為大中華區（含台灣、中國、香港）總裁了！

你應該要升總經理了！

當時公司找了一個新的台灣總經理來接任他，新總經理是從一個外商大公司來的，做事方式和總是赤手打江山的John很不一樣，喜歡說很會說，做的卻很少，只會用過去的經驗批評我們不好，負面的情緒彌漫在公司，大家都感到不舒服極了。

所幸這個新的總經理的工作方式，也不被大中華區總裁John所認可，沒有多久就請他離開了。

John從此用「遙控」的方式（他人在香港辦公）管理我們，他天天跟我通電話交代要做什麼事，我雖只是行銷主管，卻要幫他管所有業務、人事、財務，其實已經像是在做總經理，但我知道我的不足，也從不敢妄想我會升到那個職位！就這樣我們呈現無總經理狀態長達一年多。

有天健鵬說：「Olga！你應該要升為總經理了！」

我馬上跳起來說：「不可能啦！我討厭做總經理，看到John壓力那麼大，辛苦得要死，我又不懂財務，我不要啦！」

健鵬說：「Olga！你喜歡這個品牌不是嗎？你要到哪去找到這樣一個讓你這麼有熱情的公司與產業？如果以後又來了一個像之前新總經理一樣討人厭的人，你到時會不會又想離職？」

我說：「會！我會氣死！」

健鵬就說：「那就對啦！你若走掉豈不可惜？所以你應該要爭取去做總經理！」

從那天起，我到公司上班開始有了不同的心情，想到這是我一生都值得好好投入的公司，也想到健鵬的話——我遲早要做到美泰兒的總經理，我應該繼續認真工作，奮發向上！

John繼續三不五時遙控地與我連線討論公司的營運，當時我雖然沒有加薪，但心裡卻很有成就感！直到如今我都常常在演講時跟年輕人分享：「**不要介意公司何時給你升官或加薪，應該要在乎的是你有沒有被賦予重任！**」

果真不到兩個月，有天習慣遙控管理的John，突然親自回到台灣，他約見我：

「Olga！這陣子你做得很好，公司不打算再從外面找人了！從今天開始，你就是Mattel的台灣區總經理了！」

那年我才二十九歲，我成為美泰兒全球唯一的女性總經理，也是有史以來最年輕的總經理！

我們成了一對「搶錢夫妻」！

當時我的好友們打電話來第一句話都問：「Olga！你老公怎麼辦？會不會有壓力啊？」

我說：「你們知道嗎？健鵬兩個月前就『預言』這件事了，而且他一直鼓勵我往這個位子去爬！因為他知道我太喜歡這個品牌了！」

我清楚記得我正式成為總經理的那一天早上，要出門上班前，健鵬坐在客廳一手抱著一個兒子，當時雙胞胎兒子才兩個月大，健鵬對他們說：「來！跟媽媽說bye bye！從今天起，媽媽就是總經理囉！」

就這樣，我帶著老公的驕傲去上任，因為健鵬讓一切變得不凡！我很早就做到很多人要奮鬥很多年的位置！

老實說，二十九歲的我做總經理，真的太年輕了！除了做事、還要帶人、做客戶關係……真的很辛苦！尤其是面對經銷商，這些經銷商大多是赤手空拳打天下的生意人，他們講究的是商業戰場上的經歷、講究的是「我過的橋比你走過的路還多」，不論我怎樣努力，他們總會欺生，還有一個客戶曾經當著我部屬的面說：「Olga！你不要以為你是總經理！這個行業你懂什麼?!我告訴你！在這個圈子你都還應該叫我一聲大哥！」

我當場眼淚在眼眶打轉，眼睛撐得大大的不敢讓它掉下來！我告訴自己：我一定要撐住！公司要靠我帶著大家向前衝，我沒有消極的權利，我絕不能倒下！

記得那幾年我們的業績都能呈爆炸性成長，大家都很讚許我的表現，但我卻沒有一天輕鬆快樂過，每天想的都是工作，幾乎每個月都要出國，忙起來常常忘了自己還有老公和小孩！

等到週末要帶小孩時，我又常必須帶他們出差，到賣場巡視、做陳列，小雙胞胎從小就跟著我南征北討一起看賣場辦活動。

每每到了賣場，看到架上陳列的貨品沾染了灰塵，我還會一一拿下來擦乾淨，小孩都可以感覺到媽媽生命中最重要的就是今天能賣掉幾個芭比！

而此時我與健鵬的關係也開始轉變，最佳的比喻就像住在同一個屋簷下的室友，各忙各的。

那時，他在媚登峰工作，一路高升到副總，底下統管五家公司、六十多個店，比我還忙。我們常常晚上十一點以後才到家，小孩就交給奶奶帶，好不容易兩個人有機會聊聊天，溝通的內容也多半都是在工作挑戰上打轉，我說我今年業績要做到幾億、他說他下週要開幾家分店……

朋友常戲稱我們是一對「搶錢夫妻」：一個搶女人的錢，一個搶小孩的錢！聽到這樣的話我們都覺得是讚美，當時眼睛注意的都是這些成就。

不只是總經理，我是「塞貨女王」！

我是個非常目標導向的人，公司業績目標對當年的我來說，是人生最重要的事，我在美泰兒時，年營業額最高紀錄曾經從一億衝到五億！我帶領著三十個人的團體，年年都超過公司給的目標！

美泰兒的貨對經銷商雖然是賣斷的，但若舊貨沒賣好，如何進新貨？一方面，我們天天都要幫客戶想辦法清掉庫存，另一方面，每個月業績要達成，我仍然帶著業務在新廣告上檔前，讓客戶再大量進新貨，這就叫「塞貨」！

為了要塞貨，我已經到了「抓狂」的地步。我記得有一次為了要說服經銷商下單，我不但特許他把付款的票期延後，還答應幫他處理一批電池有問題的玩具庫存，我們出動了全公司的同仁，到賣場去幫他把有電池問題的玩具搬出，一一用螺絲起子把玩具電池盒打開，重新裝上電池，再把玩具包裝回去，那批庫存一共有好幾千個！整個公司人仰馬翻。

我變成了「塞貨女王」！根本不像總經理，整個公司員工也都被我操翻了！

「塞貨」只能做一時之計，卻不是長久之策。終有一天，我們對經銷商的應收款項越積累越多，直到他們付不出錢來，業務收不到錢，我只好親自出差到台南去經銷商家裡催收帳款，我老家在台南機場附近，好幾次去台南催收帳款經過爸媽的家門口都沒有進去，簡直像大禹治水！

有次經銷商送我去機場回台北，又經過我家，我告訴開車載我的經銷商說：「王老闆，你看看前面巷子內就是我家，我為了跟你催收帳款，都沒有時間回家，你就可憐可憐我吧！快點付錢給我們吧！」

哪知道我話一說完，竟然就看到我年邁的父親從我老家的巷口走出來倒垃圾，我尖叫：「啊！我爸爸就在那裡！」

這樣的日子真是難捱，每次經銷商抱怨，我就只能一面拜託他幫幫忙，一面催眠式的告訴他：「下一個玩具一定會好賣！」

市場上獨大的芭比，到後來幾年遇到瓶頸，我們要對抗新起的Hello Kitty，再加上美國總公司開發的新玩具有時變化不出新花樣，就越來越難賣。我為了達成公司業績，還是要硬撐著對客戶說：「這一定會好賣！不好賣我頭給你！」

但客戶因為越來越不敢下大單，我們自己倉庫的庫存就一天天增加，我動不動就帶著全公司去桃園龜山的倉庫週末加班，不斷的把滯銷品想辦法加工做成組合包，然後特價促銷，再一次出貨給客戶，以便衝業績又清庫存。

記得有一次要用強力膠把娃娃與配件貼在一個紙板上，週末整天都在刷強力膠，那味道聞得大家都快昏倒了！做為總經理的我不能喊累，還要做啦啦隊長逗大家開心：

「我們是最棒的生產線工人耶！每次都會想出要怎樣的動線才會最快，我們好厲害喔！」

看到倉庫堆積成山的庫存，當年正好中國正對台灣試射飛彈演習，我還開玩笑說：「最好飛彈打過來，我們把倉庫大門放一個準心讓飛彈剛好打中，我們所有的庫存都被燒光，就可以解脫了！」

就這樣，公司的業績壓力竟把我當初最愛的芭比，變成我眼中最厭惡的庫存，一個一個讓我沒有半點熱情的庫存！

最苦的事，對我來說就是看到員工累到不行，動輒就有人要辭職。我記得那時出國頻繁，有陣子每次出國回來，一進公司，都會看到桌上擺著一個信封，不用拆開就知道那是一封辭呈。

公司幾乎每個月都有人離職，每個月都在面試找新人，找到的人又很快辭職……周而復始，惡性循環。印象很深的是，有一次年底國外大老闆要來聽我隔年的業績預估，報告的最後一頁我提出組織圖，圖表一畫出來竟發現有一半的職位是空缺的，我在疲憊中沮喪到了極點！

從五十分要進步到九十分是很容易的，可是要從九十分往上再進步一兩分卻是困難的。

在美泰兒後來的那幾年，台灣的市場已經飽和，很難再有爆炸性成長了，但總公司不那麼想，他們有華爾街股市的壓力，目標還是要年年衝高成長，明知道是不可能的任務，但是壓力還是一直來一直來，我們就像是瀕臨爆炸的壓力鍋，只等一個引爆點。

這個狀況在各國分公司都一樣，當時我們這群亞太區各國的總經理們，每週都有一次conference call（電話會議），到後來，會議中談的主題不再是品牌打造，人人都在談如何交換庫存資料與滯銷品！

這樣的日子在我到美泰兒的第六年，我終於受不了了。

那年年底，我去香港提報業績計畫，我老闆Annie知道我做不到年底目標，卻不希望我講出來，我想若非要衝到目標，不就又要去繼續塞貨？台灣的業績已經不能再爆炸性成長，為什麼還要壓迫我們？

我生氣地說：「公司到底要逼我到什麼時候？我真的做不到，經銷商都快被我塞貨塞倒了！他們不付錢，你又要我再塞貨，後果不堪設想！」她壓力也很大，看我這樣就說：「Olga！你自己跟大老闆講你做不到！」

會後她對我說：「Olga！你將會成為一個underdog（被看扁）！你做不到業績，then you will be dead（你死定了）！」

我終於提了辭呈。Annie為了挽留我，居然新創一個位置給我，職稱是「亞太區行銷總監」，專門幫各國做亞洲新產品的開發，這樣我就不必為業績煩惱了！

我心裡清楚，這其實只是一個緩兵之計，也是她一廂情願的想法，美國總公司當時在業績壓力下根本沒有心情去增加人事成本的。

但台灣區總經理這職位非常不容易找到人，他們一直面試一直拖，一晃就是十二個月過去，那一整年真是生不如死！我不但要繼續做我的總經理，繼續辛苦地衝業績，也同時做了一堆那個沒有正式公開上任的「亞太區行銷總監」的事情，壓力更增一倍！

有一天我終於崩潰了，打電話給Annie說：「我不能再做了！已經給你們一年多了還找不到總經理，我快要死了，我不能再做下去了，只要讓我明天就可以不用上班，你們連薪水都不用付我！讓我走吧！」

我恨這樣的日子到一個程度，閉上眼想到的都是庫存、業績、呆帳……終於終於，三個月後他們找來個新總經理接替我，我才仁至義盡地離開。

回首我曾在美泰兒努力過的這七年，的確學到了業務技巧、通路管理、庫存管理，美泰兒讓我在最短的時間大量學習，幾近填鴨式的壓縮成長！

只是，這一回首，回到家裡的我突然發現枕邊人已經陌生，我的兩個小男孩不知什麼時候已經變成大男孩，我竟然錯過了那麼多！

找工作都是毛遂自薦！

我直接打電話去問吳先生，他告訴我：「吳小姐，我們兒童館主管現在不缺人！」我鍥而不捨再問：「那麼，有缺店長嗎？即使只有三萬元薪水，我很願意從店長做起，因為我真的太喜歡這個品牌了！」

吳先生說：「那怎麼好意思呢！這樣大才小用！」總之，他拒絕了我！

從美泰兒開始，我的工作幾乎都是毛遂自薦得來的，只要心裡清楚意識到自己喜歡的產業、品牌，我就會想出辦法找到門路去毛遂自薦，雖然人家不一定會要我，甚至當下我也不知道他們有什麼職缺，我也會毫無包袱地去面試，就算失敗，我也不會覺得丟臉！

為什麼不等「獵人頭公司」來挖角？那對我來說都太慢了，**我喜歡主動出擊，因**

為只有你自己最了解自己的長處，只有你知道自己工作的「熱情引爆點」。而且只要是衷心喜歡的工作，你在面試的時候，不需要武裝，就一定能表現出最真誠的一面，也能讓對方看到自己的熱情與優點！

當我離開奧美時，我毛遂自薦到美泰兒是如此，後來到Yahoo!Kimo業務副總裁、肯德基行銷總監的工作都是這樣找到的！

後來我有許多機會到各處演講，發現很多人都對我這些「主動敲門」的經歷感到有興趣！這之中有幾個經典的小故事：

要毛遂自薦，首先我會坦承自己在工作上的好惡。

在美泰兒遞了辭呈後的那段時間，我問我自己：下一步呢？我該去哪裡工作？首先，我不要再重複我在美泰兒最討厭的事情——逼經銷商「塞貨」，我清楚知道一個公司若是百分百要靠經銷商做生意，在市場上是非常辛苦的，沒有自己通路的品牌，就不能掌握自己的命運！所以我決定聚焦在零售業，且要有很多間連鎖店的零售業，因為規模夠大，才有力量去做行銷打廣告，讓我發揮我最厲害的專長！

你要把自己當回事！

其次，我一定只能為自己熱愛的品牌做事，而且自己就要是愛用者，才會自然發出熱情，像芭比當初就是這樣吸引我進去的！

於是我問自己一個問題，若在路上看到哪一個品牌的招牌時，我會感到愉快，甚至露出笑臉來？這樣說吧，每次去美國出差，只要在街頭看到Starbucks咖啡，或Banana Republic、Ambercrombi & Fitch服飾，我的嘴角就會忍不住上揚，但在台灣，哪個品牌有這種魔力？

有一天我坐在計程車中，在台北街頭看著路邊每一家店的招牌，突然看到有一個招牌是我超有感覺的！就是誠品書店！對！就是它！我要幫誠品書店做事！

於是我趕快動腦筋想要找到key man，我知道奧美廣告曾經做過誠品書店這個客戶，就找TB（奧美董事長）試試看！他一口答應幫我介紹，於是我就直接到誠品老闆吳清友先生的辦公室面試。

第一次見面，我帶著滿滿熱情說著自己的經驗，講到我做玩具七年，熟悉兒童市場及批發零售業務，對行銷工作衝勁十足……但我也告訴他，我所看到的誠品書店有好多錯失的機會點，例如店內有氣質沒活力、兒童館內陳列沒有重點，沒有讓人想多買的陳列設計，最後我誠懇地告訴吳先生：像誠品這樣棒的品牌，如果不賺錢就太可惜了，我願意為他賺錢……

吳先生似乎覺得我這個人很有意思，就叫我回去做個企劃書，他想完整的看看我對誠品兒童館的建議。

抱著任務回家，我整整花了一個月的時間去蒐集資料、提企劃案，還自掏腰包請人畫店內設計圖，並親自參與好幾次誠品兒童館辦的活動，去體驗他們的服務、感受身為消費者有沒有未被滿足的需求，可提出什麼樣的服務來提升業績。

一個月後，我興奮地帶著厚厚一大疊企劃案、設計圖回到吳先生的辦公室，報告完後，他並沒有說什麼，只說要看看內部有沒有缺人，我等了一兩週沒有回應，就直接打電話去問他，他這才告訴我：「吳小姐，我們兒童館主管現在不缺人！」

我鍥而不捨再問：「那麼，有缺店長嗎？即使只有三萬元薪水，我很願意從店長做起，因為我真的太喜歡這個品牌了！」

吳先生說：「那怎麼好意思呢！這樣大才小用！」總之，他拒絕了我！

很多人害怕談到失敗的經驗，我卻非常愛分享這個故事，因為不是結果成敗的問題，而是**整個面試過程中，我自己非常認真且努力的態度——不管別人有沒有把你當回事，但你要把自己當回事！**

雖然被拒絕，我並沒有因這件事情失去信心，我告訴自己，不是我沒有能力，是我們沒有緣分！

Olga！你就是我們要的人！

離開美泰兒在家閒著發慌，當時看網路盛行，天天都有人說.com是未來，當時我是個從不上網的人，在美泰兒時知道芭比成立美國的網站，我居然叫祕書去「印出來給我看看」。

祕書笑我：「Olga！網站是要你自己去點進去看的，愛看什麼就點什麼，印出來是印不完的耶！」當二〇〇〇年初，網路盛行時，所有媒體都在報導，霎時一切傳統產業聽起來都落伍了，任何公司都將被網路取代！（現在想來真是胡說八道！）

就這樣，幾乎我身邊每個人都說只有進了網路相關產業才會跟上潮流！媒體炒作出來的氛圍，讓我也一股腦地開始想自己是不是也該去投石問路看看！

但我能去網路公司做什麼呢？我天天翻著相關的雜誌書報，想了解媒體天天談的網路究竟是什麼，看了半天，一大堆專有名詞：B2B、B2C、content provider、solution provider……等，對我而言就像是「希臘文」，讓我滿頭霧水。

深入了解後，我想通了一件事：其實那些網站努力經營起來，要的就是免費讓一堆人上去看，到底網站要如何賺錢？還不就是「媒體廣告費」、「電子商務」……嗎？除了網路科技面我不懂之外，它背後的賺錢機制像媒體、行銷……等，我是很有經驗的。在網路業，懂科技的人多得是，但懂廣告行銷，且懂得如何做生意賺到顧客錢的人卻不一定很多吧！

一旦我找到自己的利基點，我相信我也可以進網路業去拚一拚！不是因為我想成為股王，而是因為整個大環境的氛圍導致我一頭栽了進去，於是我開始找門路毛遂自薦！

我上網去看所有大網站的內容，開始將履歷表mail給那些網站的人力資源部，且在cover letter寫出我特別之處，告訴他們我可以為他們做什麼。除了寄履歷表，我還跑去參加各種電子商務的演講活動——這是最直接面見那些網路公司老闆的方法。

有次我去聽PC Home辦的演講，他們總經理談起電子商務的未來，說到庫存管理將是他們不熟悉的領域，我就趁中場休息十分鐘，跑過去找他說話，我開門見山就說：「我是可以對網路業有貢獻的人，那些你們不熟悉的領域正好是我的專長，我可以今天回去就幫你寫一個企劃案……」

我不知道當時那位總經理有沒有被我的積極嚇到，但那晚我還真的熬夜寫好一份我自己覺得很興奮的企劃案mail給他，之後一直打電話想要爭取面試，但該公司祕書始終沒幫我約上，就這樣沒緣分進去。幾天後，一家網路公司找上我，那是當時最大的網站Kimo（台灣奇摩站），也就是現在的Yahoo!Kimo。我去面試第一次就上了，因為Kimo營運長聽到我說完自己的經歷馬上就說：「Olga！你就是我們要的人，別再去找PC Home了！」

就這樣我進了網路公司！毛遂自薦再次成功！

後來的肯德基工作也是主動出擊來的，那是在我想要離開Yahoo!Kimo時，當時聽到大家都說要移民上海，聽說所有好的機會都是在大陸，但是要去哪裡面試上海的工作機會呢？於是我想到以前奧美的主管Carol，那時她是中國雅詩蘭黛的總經理，和老公Sam住在香港，而Sam是中國肯德基的總裁。

我買了機票飛去香港她家，當天Carol一打開門，還來不及寒暄招呼，我的第一句話就是：「Carol！有沒有工作介紹給我？」

那個週末住在她家，我談著自己過去幾年工作上的學習與心得，一直問他們在上海有無認識的公司缺我這樣的人，Sam開始問我一些問題。我也反問他：「Sam，你在面試嗎？」Sam微笑著。

我娓娓道來過去的成績，輕鬆地回答他問的每一個問題，也直言我所見到台灣肯德基的問題……兩天後，他們夫妻倆送我去機場，Sam忽然開口問我：「台灣肯德基有個行銷總監的缺，有興趣嗎？」

我興奮的大叫：「肯德基？很棒耶！——我是不是要開始學做炸雞啊？」

就這樣，我真的沒想到一趟香港行，Carol的老公Sam竟成為我肯德基的老闆！

毛遂自薦的訣竅在於清楚自己的熱情在哪裡，自信又自覺地去談工作，自然不做作地表現出自我，有智慧的老闆一定會看上你。多年來身為主管的我，其實好希望看到有人來毛遂自薦。誰不喜歡看到有人對你的公司充滿熱情呢？所以，放馬過來吧！

Yahoo!Kimo網路歲月

一進到Yahoo!Kimo，看到我要帶的業務部好幾個女生都穿得很性感，裙子短短的，領口低低的，面對廣告客戶不是以專業說服，而是用撒嬌的聲音說：「經理！加碼嘛！再多買一點嘛！預算給我多一點嘛！」

不到幾週，這樣的人全都被我逼跑了！

二〇〇〇年初，我進入一個完全陌生的行業——網路業！公司給我的職稱是：「業務暨新事業開發部副總裁」！名片看起來很唬人，但當時幾乎每一家網路公司都是如此，官階很大，頭銜很高，許多二三十歲沒什麼工作資歷的年輕人，口袋裡掏出名片，動輒都是網路公司的CEO、COO、CTO……當時網路正熱，每個傳統產業的人都想跳進來！

我的專長是行銷，但我被賦予的責任是業務，從賣芭比娃娃換到賣網路廣告，我本來有點不適應，好像回到了過去在廣告公司最不喜歡的媒體業務。他們眼睛裡面只有數字數字數字，說出來的話總是千篇一律，完全就是用「拉廣告」的態度做生意！

一改傳統媒體業務的俗氣

一進到Yahoo!Kimo，看到團隊內好幾個業務真的就是那樣的特質，每個女生都穿得很性感，裙子短短的，領口低低的，面對廣告客戶不是以專業說服，而是用撒嬌的聲音說：「經理！加碼嘛！再多買一點嘛！預算給我多一點嘛！」我還聽說有些業務甚至還要去送回扣，爭取更多的廣告預算。這樣工作態度的業務，我非常受不了，不到幾週，這樣的人全都被我逼跑了！

他們為什麼這樣怕我呢？

因為我要求非常多，業務是一個「專業工作」啊，我們必須深深了解網路的特質、必須以網路廣告的內涵為傲，這樣你出去才會抬頭挺胸，而不是低頭撒嬌！我要團隊中每一個業務都要有高度的使命感，去見到廣告主的要角，哪些人是真正管行銷的，哪些公司要總經理說了才算，我都要他們約到，約不到我就自己打電話去約！

我帶著業務團隊，把網路廣告的知識用非常簡單易懂的口語來說明給客戶聽，並常用一些成功範例，展現網路廣告可以為他們做到什麼。每天出去見客戶就像個老師一樣，我們教育客戶：不論是知名度提升、促銷、互動廣告、留名單、線上銷售……任何行銷手段，網路都可以辦得到！

在那個網路廣告剛剛起步的年代，客戶根本不知道為何要用網路，如何用網路，我們幾乎要為客戶做到「包山包海」，從網路行銷策略、網路廣告內容製作，一直到上檔後追蹤、修正……我要求團隊都要為客戶負責，這樣還不夠，若是廣告上了之後效果不好，我們都必須要負責幫客戶想辦法，改到達成目標為止。

這種積極的態度，很快打響了Kimo的名號，業績也一飛沖天！每一位業務漸漸也都變成網路行銷專家，個個都一身好功夫，專業自信又腳踏實地，再也看不到當年傳統媒體業務的俗氣！

為了要提升業績，我們每天都在打電話給客戶，我的辦公桌電話機前總是放著好幾排名片，一張一張輪流打，天天業績都是從零開始，壓力很大，每天做到半夜回家，週末也去加班，比在Mattel還忙碌，我自己忙到翻，整個業務團隊成員也跟著我繃緊神經不得懈怠！

以發明「面試四步驟」為傲！

這樣還不夠，**我需要戰鬥力更強的團隊成員，為了要找到新的適合的成員，我發明了「面試四步驟」：**

首先，面試時我會告訴對方，網路廣告業務不是一個只會拉廣告的業務，他一定要同時「四懂」：懂網路、懂廣告、懂行銷、懂媒體，只有這樣才會說服客戶使用網路廣告，而在面試時，我就要看到你這種能力的展現！

方法是我先開給你幾本書單，都是有關網路或網路廣告的書，你看完後第二次來面試時要交出一張讀書心得，並且加上你自己在各網站看過的網路廣告的眉批，舉例說明哪個做得好，哪個做得不好，並且告訴我為什麼。

等我第二次看到你時，若我覺得你的簡報合格，我就會將Kimo的廣告定價，廣告介紹手冊給你帶回去，讓你做一個實際的企劃書，這企劃書是要針對我們一個真正的廣告主提案用的，我當廣告主，你要會問我對的問題，才能在第三次面試時提案。當你第三次來面試，通過提案合格的考驗，恭喜你，你才有機會見到公司的營運長！

這樣的面試過程，我第一次就可以看到應徵者的特質，若他主動與我約下一次見面時間，他可能是一位積極的人；第二次面試時帶來的讀書報告，我可以看出他對書本有沒有足夠的吸收能力與判斷能力去評斷好的廣告！同時當他把我當作客戶問問題時，他必須針對行銷的目的、策略去進行了解，絕對不只是問廣告主有多少預算，這項考驗，讓我可以看出他有沒有行銷的專業知識；在第三次面試時，我看到他的企劃書，可以看出他懂不懂網路行銷，能不能將媒體計畫做好，會不會寫精采的企劃案，甚至連電腦技巧都可以看出來！

這樣的面試四步驟很精準，雖然過程非常辛苦冗長，但一切都是值得的，每一位進得來的業務都是充滿使命感，專業度夠又積極進取！我深深以發明這樣的面試四步驟為傲！

七百張名片的人脈！

不到一年，Kimo就被Yahoo看上要併購了！因為Kimo是台灣最大的網站，我們的業務又這樣蒸蒸日上，在併購過程中，我知道將來的總經理是Yahoo的總經理Rose（鄒開蓮），她是我的手帕交，從奧美廣告工作時就認識的好友，也是看著李平、李安長大的。我一點也不介意她將成為我的頂頭上司，因為我知道這是一個對公司最好的決定！Kimo就這樣風光地賣給了Yahoo，從此叫Yahoo!Kimo。

合併是好消息，但也帶給我很大的壓力。

網路的興起將人們的頭銜飆到一個極限，也將人類的夢想飆到了一個極限，當然公司的業績目標也必須飆到極限。但新的網路行業缺乏長期客戶，我們必須一家一家重新去認識、去介紹、去教育，也因為是新的行業，沒有信任基礎，常常一個很小的廣告你也必須去比稿，真有些心力交瘁。

業績不夠時，我學著跟現實低頭，不得已要去找一些大預算的客戶見面請託，也逐漸聽聞謠傳某些客戶真的要回扣才願意給預算，曾經堅持不以回扣做生意的我，居然在業績壓力下，瘋狂的逼自己去向同行業務探詢「如何打進這些拿回扣客戶的心房？」

聽完那些經驗談之後，我的心已經涼了，光是想到自己要開口跟客戶說：「你要回扣我願意配合……」就讓我瞧不起自己，覺得自己骯髒到極點！我終於發現個性太耿直的自己不是那塊料！

那是進到Yahoo!Kimo九個月之後，看著我名片盒裡將近七百多張過去幾個月來見過的客戶，每一張都是茫然的未知數，跟我的明天一樣。

動念離職之際，Rose曾好意提醒我，日後若Yahoo股票上揚，我將會因為這離開的決定錯失成為千萬富翁的機會！我知道這是有可能的，但我非常堅決地說：「如果真有這一天，我很高興看到你成為億萬富翁，我會說我沒有這個命！」

我的下一步是去肯德基做行銷總監，很多人都說我是走回頭路，當時我說：「行銷是我的熱愛！肯德基有自己的通路，可以掌握一切，我知道這是對我最好的選擇！」

現在回想起這段網路廣告歲月，對我而言仍然值得懷念，我在那裡認識了將近七百位廣告主，全都是有決策權的人，我投入的熱情讓他們都看到過。所謂人脈，就是這樣建立起來的！

時間雖不到一年，我體會到媒體業務工作的辛苦，更知道要如何開放地聽取媒體的意見，一切都對我未來的工作有很大的幫助！

我親手毀掉了婚姻！

「你有做個好媽媽嗎？」健鵬這句話一出口，就像一發巨砲直擊我的軟處，每次都可以把我徹底激怒，馬上我就像火藥碰到引爆燃點一樣，突然氣到發狂，氣到倒在地上大哭尖叫，甚至歇斯底里地說些完全沒有理性的話：「我不要活了，我去死！」

我與健鵬的第一次婚姻總共維持了九年。在後面幾年，我已經做到美泰兒總經理，他在媚登峰做到行銷業務副總，兩個人被人戲稱為「搶錢夫妻」；一個在搶小孩的錢，一個在搶女人的錢，最後竟然搶到家都散了！

像很多夫妻都忙於工作的人一樣，我們幾乎天天加班，小孩就丟給保母或我婆婆帶，這一切好似理所當然。

對於我忙於工作，健鵬從沒有怨言。我們曾經是同事，他很了解我在工作上的投入，當初一起在廣告公司工作，他也很理解我加班的必要。

那幾年，我從一個大學畢業生、到廣告新鮮人、經理、總經理，他看著我步步高陞，不但沒有嫉妒，相反的卻以我為傲！幾次更換工作，健鵬一直扮演著我的軍師角色，他總能在最關鍵的時刻，以他獨特的分析與判斷給我建議，對於他每次給我工作上的評析，我都打心底佩服，也常對別人誇說老公的聰明，真正說起來，健鵬是看著我在職場上長大發光發熱的伯樂！

而他當時在媚登峰也正意氣風發，雖然人後辛苦，但人前風光！他總是很得意的跟我講他在工作上的成就，我們夫妻倆很早就衝到一般年輕人嚮往的事業高峰！

而這些巔峰的另外一面，就是我們完全不及格的家庭生活。

對喔！我還有個老公！

我常常很晚回家，他也天天加班，我們幾乎從不一起吃晚飯。因為回到家通常都已是十點以後，晚飯還沒吃，就在住家附近一家叫黑武士的餐廳解決。夜裡我去打包外帶牛肉麵時，常會看到健鵬在那兒吃飯，我還記得有一次，吃飯吃到一半，老闆走過來提醒我：「吳小姐，你老公在另一桌耶！」我一看還真的是我老公！

週末Rose約我吃飯看電影時，我只會想到帶著孩子前去，一直等到Rose問起：「健鵬好嗎？怎麼不一起來吃飯？」我才突然驚醒：「對喔！我還有個老公！」不過大部分我打電話問他是否有空時，他通常都正在加班的忙碌中。

這些離譜的狀況，應該已經是警訊了，不過對當年的我們而言絲毫不覺得有問題。

我常把這些事情拿來在朋友間當作笑話講，甚至心下還有點驕傲，第一層驕傲是：我是一個獨立的現代女性，我有獨立的生命與事業，我才不像那些小女人要天天膩著老公、依賴著老公！第二層面的驕傲是：我們夫妻都好棒！如果不是我們在事業上都有一些小小的成就，哪會有這種事！

Rose曾一針見血的說：「Olga與健鵬這對夫妻，讓你以為他們關係應該非常親密，但真的到他們家裡，你會覺得這兩人好像是住在同一個宿舍裡的室友。」

我們這樣到底好不好？正拚著偉大事業理想的我們從沒有認真想過！

當然，在彼此工作都順遂的時候，所有的問題都被掩蓋，等到有一天健鵬在工作上開始遇到挫折，我們的關係就面臨了很大的挑戰！

夫妻間的引爆點

健鵬選擇離開媚登峰的過程十分不愉快，尤其在後期老闆常當眾辱罵他，還常故意找他麻煩，明眼人都知道那是很清楚的在逼退他，終有一天，健鵬再也受不了這些侮辱，一氣之下遞了辭呈，老闆當然不會慰留，順理成章就讓他離開。這件事情讓健鵬很受傷，畢竟這是一份他投注相當大心力的工作，他生氣、憤怒，最多的還是傷心。

我看到健鵬這樣，非常不忍，因為我知道他是多麼努力地為媚登峰付出過。我與媚登峰老闆是舊識，我甚至打電話給他老闆，想要試試看能否溝通他們之間的誤會，然而我的努力似乎沒有什麼用處。健鵬還是與公司不歡而散。

為了支持健鵬，我告訴他辭職沒關係，我相信他可以找到更好的工作，自行創業也是一個選擇，或者他也可以先放下紛擾，出國散散心。

健鵬聽了我的建議，決定去美國紐約遊學，認真讀了八個月英文，回來又考上政大EMBA，彌補了他「英文不好，學歷不高」這兩大人生的恐懼！

跨過了這些懼怕，健鵬決定創業，帶著一種自信與驕傲，及一絲絲「恨意」，他想要做出個成績給他前老闆看！

健鵬的創業之路非常辛苦，一開始他做的是行銷顧問，後來開始開店，請員工，找顧客。面臨不景氣，生意很難做，最明顯的是他自己創業後，沒有大公司的光環，毫無資源，真的很難適應！

以前他一個命令下去，有一堆屬下會幫忙完成，創業後，他發想的每件事情都得自己去做！而做了多年的主管，健鵬雖然是一個思想快又靈活的好軍師，但畢竟已經離開執行面一段時間，他的行動力早不如思考力的迅速了。

業績提振不起來，積蓄的數字卻一直往下掉，健鵬的心情當然不好！他晚上總是失眠，第二天又睡到中午，勉強起床了，精神卻是萎靡的。

我是行動派，當然希望他要積極一點，看到健鵬陷入低潮，我的心裡又急又氣又擔心：「你怎麼又睡到這麼晚？你要早起一點！你要勤快一點！你要把行動力拿出來啊！你怎麼不去開發大一點的客戶呢？你要小心這個客戶可能收不到錢喔！你不要以為這個生意這麼好做……」

我知道他可以做得很好，我也相信他的能力，但是他怎麼看起來越來越沒力呢？我真是恨鐵不成鋼啊！

很多我以為是好意提醒的話，在他聽來卻像是冷言冷語。每次我話還沒說完，他馬上就回敬我一些充滿敵意的話：「你知道什麼！你就會放冷箭！你自己在大公司工作，根本不懂創業的辛苦！」

人在生氣時，話往往越講越難聽，情緒化的我接著說：「對！我也許不能理解創業的辛苦，但是我知道躺在沙發上什麼都做不成！你不能積極一點嗎？有行動力一點嗎？我要看到你快點去做好嗎……」

健鵬不甘示弱，立刻回擊：「Olga！你以為你很厲害嗎？你不要用在公司當老闆的口氣說話好不好？我又不是你的員工！不需要聽你的命令！你自己憑良心說，你有做個好妻子、好媽媽嗎？」

「你有做個好媽媽嗎？」這句話一出口，就像一發巨砲直擊我的軟處，每次都可以把我徹底激怒，馬上我就像火藥碰到引爆燃點一樣，突然氣到發狂，氣到倒在地上大哭尖叫，甚至歇斯底里地說些完全沒有理性的話：「我不要活了，我去死！」等氣過後平靜下來時，回過神才發現自己渾身是傷！

我恨自己這樣無法克制的抓狂行為，更不堪讓孩子和婆婆看到我們吵架的恐怖模樣，生氣、抓狂、嘶吼、懊惱、痛苦，這幾種情緒輪迴般的一再重演，我們都幾近崩潰的邊緣。

整個過程就像是八點檔的連續劇，而且是很恐怖的家庭暴力劇，那暴力是言語的暴力，比身體的暴力更痛！

也或許我生氣抓狂的行為，不單純是針對健鵬的話語，還有更多的是，我想把工作上的壓力、每天追逐業績的疲憊、沒空陪小孩的無奈、為自己做不了一個好媽媽而生出來的怒氣……全都一併發出來！

二〇〇〇年底，我們的關係降到了冰點，兩個人已經沒有好好聊天的機會，更別說彼此的溝通，「我要離婚！」這句話成為每次吵架的開場與結尾。

我開始害怕回家。

常常下班時回到家門口，才拿出鑰匙要插進鑰匙孔，心裡就恐懼起來，我害怕進家門後看到健鵬躺在沙發上睡覺，而電視是開著的，冷漠在空氣中迴盪，他的消沉讓我憤怒；我害怕走進小孩的房間，孩子已經睡著了，這一整天我可能跟他們還說不到十句話，我氣自己被工作綁死，自責讓我沮喪……我更害怕大家都醒著，那麼另一場歇斯底里的爭吵可能等在前頭。

我還害怕，面對著婚姻問題卻無力解決的那個軟弱無能的自己。

我拿著鑰匙的手開始發抖，我猶豫著，站在自己的家門口發呆。我跟自己說：「也許，只要我搬出去住，就再也不用看到這樣的畫面了！」「也許，我根本就不適合婚姻！」「也許，我應該什麼都不要了，只要讓人生重新來過！」

逃避的念頭一出現，事情就很難轉圜。家，已經變成一個巨大的牢籠。

那麼多個「也許」累積在心中，從疑問句慢慢變成肯定句，我心如鐵石，再也聽不進任何朋友及家人的勸阻，我決定用最決絕的方式處理，我要親手毀掉這婚姻！

分居的那晚

有一天，趁著與他們獨處時，我小心翼翼試探性的問：「李平、李安，媽媽搬出去好不好？」十二個字語卻有千鈞之重，我很怕他們哭鬧著說「不要」。

想不到玩著玩具的他們，頭也不抬不假思索的就說：「媽媽！你早就該搬出去了，你和爸爸天天都在吵架！」

二〇〇一年初，我覺得自己在婚姻裡已經完全失控，我私下找到了一個房子，心裡只有一念：先分居吧，再看看情況會不會好轉……

我最恐懼的是孩子不能接受，他們還那麼小，只有七歲，才一年級！啊！每次一想起他們還這麼小就要失去母親，我就心痛流淚！我氣自己不能扮演好一個好媽媽，我氣自己搬出去不能帶著他們，因為我知道我的不正常工作態度，根本無法給他們一個安定的上下學生活！

讓孩子們跟著健鵬的這個決定曾讓我非常痛苦，我知道健鵬也常常不在家，雖然有婆婆會照顧他們，但能否給孩子完整的愛？可是轉念又想著，當時健鵬已經陷入十分憂鬱的狀態，如果我離開了，又失去了兩個孩子，他的人生該如何自處？能不能繼續走下去？

我天真的以為……

我心裡百轉千迴，幾乎完全糾結了。在那樣的掙扎裡，最後我心一橫，決定自己搬出去，把孩子留給他。為了減輕心中的罪惡感，我計畫未來一到週末就帶他們去我住的地方，一方面又不斷自我催眠：「反正分居前，我本來就只有週末陪小孩，搬出去後週末還是會帶他們，對他們來說應該沒差！」現在想來真的很天真！

可是，我要怎樣提出這件事呢？要先跟誰說呢？

我第一個想到的是跟孩子溝通這件事，因為我太愛他們了，我知道若他們不願意，我絕對不忍心走出那個家！

有一天，趁著與他們獨處時，我小心翼翼試探性的問：「李平、李安，媽媽搬出去好不好？」十二個字語卻有千鈞之重，我很怕他們哭鬧著說「不要」。

想不到玩著玩具的他們，頭也不抬不假思索的就說：「媽媽！你早就該搬出去了，你和爸爸天天都在吵架！」

聽到這句話，我鬆了一口氣。我再一次天真的以為這是他們的成熟，懂得成全媽媽，他們已經懂得體諒父母之間的爭執，已經能夠分析父母應該分開比較好！我忘了這一年他們兩兄弟才七歲。

於是我開始小心設計整個搬出去的過程，避免讓他們覺得媽媽要拋棄他們！

我發想出一種「遊戲」的方式，想把整件事情的衝擊減到最低，讓他們覺得媽媽搬出去是一件很「好玩」的事，是一件母子一起「歷險」的過程！

於是，我帶著他們去看房子，去IKEA買我搬出去後的家具，甚至我讓他們自己去選擇週末要來住的床墊……等，一邊買，我還故意一邊跟他們說：「你們不要告訴奶奶這件事喔！這是我們的祕密！」雙胞胎用同一個表情很認真地點著頭，我看著那兩張幾乎一模一樣的小臉蛋，心裡突然痛了一下，我是什麼樣的母親？我在做什麼？我真的在做對孩子相對好的選擇嗎？我不知道當他們知道這一切不是遊戲，我真的搬了出去時，還會不會這樣平靜？

搬出去的前幾晚，有一幕我永遠不會忘掉的心疼畫面。

那天晚上，我帶兄弟倆出去買東西，想到以後他們要怎樣跟我聯絡，於是我告訴他們：「媽媽下週就要搬出去了，你們一定要常常打電話給我，不然我會很想你們！」

他們說：「怎麼打？」

我說：「就把媽媽的手機號碼背下來啊！媽媽會給你們十塊錢，你們每天第二節下課就去學校公共電話打給我。」

接著我把號碼告訴他們，讓他們在逛街的路上開始背，說背好了告訴我，講對了我就買個金剛玩具作獎品！

聽到有金剛當獎品，兩兄弟眼睛一亮，立刻開始背誦，我看著他們走在我前方，兩個那麼幼小的身影，一邊走一邊晃著腦袋唸著我的手機號碼，一直唸一直背，我頓時傷心極了！想到以後不能天天看到他們，真的心如刀割！

永遠忘不了的一幕

突然李安回頭說：「媽媽！我背好了！可是我不能講太大聲，不然李平會聽到……」

我說：「好，那你在媽媽耳朵邊輕輕講，李平也是，我聽聽你們講得對不對。」

他們兩個就分別到我耳邊，輕輕地小聲地，把我的手機號碼一個一個數字地背出來——我永遠記得那稚嫩呢軟的童音、我永遠記得那些輕輕呵在我耳畔的氣息、我也永遠記得他們背完後得意的笑靨——我把手分別放在他們頭上，用誇張的語調對他們說：「哇！好棒！你們都講對了耶！」

就在那一刻，對婚姻的挫敗、對生活的失望、對自我失去掌握、對即將失去孩子的那種分離的焦慮，全部的情緒如排山倒海湧來，我再也無法克制情感，突然跌坐在路邊，哇的一聲大哭起來！

「媽媽好難過啊！以後你們會不會忘記我啊？」我嗚咽著。

兄弟倆手足無措的把我圍起來，不讓路邊的人看到我哭的樣子，一邊焦急的說：「媽媽！你不要哭啦！旁邊的人會看到啦！」

這傷心又內疚的一幕，我永遠都忘不了！但我卻希望他們永遠忘掉！

要搬出去的前一晚，我故意拖到孩子都睡了才開始打包，打算隔天一早他們還沒醒來，就讓搬家公司來搬走，不要讓小孩目睹這一幕！

當晚，收拾好所有的箱子，健鵬走過來坐在我旁邊，沉默了一會，他自語般的一一敘說著這些年來我們之間的點點滴滴，那些美麗與喜悅、那些醜陋與折磨，那些本來就屬於婚姻裡、生命裡的一切一切，最後他紅著雙眼對我低聲地說：「能不能多考慮孩子，求你不要搬走！」

那時間，我承認自己有一些動容，可是我從來就是要做一件事就非做不可的人，我會對孩子軟弱，卻不能對這個愛我的男人慈悲，我還是堅決地說：「不行！我們這樣下去不是辦法——」我看到健鵬掉下眼淚，夜很深，我的心真狠。我可以伸出手去，我可以開口用一個字挽回整個故事，改變整個結局，但我什麼都沒有做，只是堅持著我要的。

我還是搬走了。

搬到新家的那晚，健鵬帶著孩子來了，他沒有怨懟，安安靜靜幫我組裝家具，新家忘了買拖鞋，他又匆匆跑出去幫我買回幾雙新拖鞋，兩個孩子在我的新家跑來跑去似乎很開心，整個安頓好，全家還一起去吃了晚飯。
那個感覺很奇妙，很親密又很陌生，好像只是多年不見的老朋友來幫我搬了家。
但是，切切實實的，從那一天起，我們開始過著分居的生活了！

兩個孩子在我的新家跑來跑去似乎很開心，但從那一天起，我們就開始過著分居的生活了！

進入肯德基

當肯德基的「等一下！」廣告開始在電視播放後，外帶全家餐的業績不但翻兩倍，「等一下！」也馬上變成消費者朗朗上口的廣告金句。

這支爆紅的廣告，連綜藝節目主持人都常常模仿！甚至別品牌的廣告也開始抄襲這句話！

二〇〇一年初剛剛跟健鵬分居，我正好加入台灣肯德基，一開始擔任行銷企劃部總監（Marketing Director），當時一進去正好公司業績處在空前的谷底，已經好幾個月sales index都是低於一百，意思就是同一家餐廳業績與前一年同期相比呈現負成長兩位數字，大家都快急死了！印象很深刻的是，第一天進到公司，打開電腦收信匣，一連串國外寄到台灣的email，主旨都是：「Help Taiwan」（**救救台灣**）

奇怪，這是什麼意思啊？

原來這是總公司發起的一項活動，希望各國分公司向台灣肯德基伸出援手，不斷分享一些促銷經驗，例如：曾經開發過哪些銷售極佳的新產品、或過去在他國證明為有效的促銷方案……等，提出來讓台灣肯德基參考。剛接下位子，我就有種沉重的感受：台灣肯德基的問題好像已經大到升格為全球肯德基的問題！

Things couldn't be worse.

當時我鼓勵自己說：肯德基這樣的品牌定位鮮明且產品力強，再加上全省有一百多家餐廳都是直營連鎖，這麼棒的基礎，只要我好好做，業績一定會翻轉的！畢竟「Things couldn't be worse.（情況不可能更糟了！）」

加入肯德基的第一週，有個事前規劃好的廣告片即將上檔，主題叫「六六大順」，是一個純促銷的廣告，大意是要客人買完肯德基時，用發票對獎可得到免費薯條或可樂。當我看到這支廣告片，就判斷一定不會有效，因為廣告片很單調，促銷的方法也老套，但是廣告製作費一兩百萬已經在我進去前就花下去了，該怎麼辦呢？

這像是一個黑洞，除了製作費，還有龐大的電視廣告上檔費用，廣告一走下去，真不知伊于胡底！我立即向總經理報告，說明我對這支廣告效用的憂心，並告知我們必須要有心理準備，先做好補救措施，廣告拍好了就先上，但三天後我會立刻檢討成敗，如果不好馬上抽掉，省下的預算去上網路廣告，與此同時，我也馬上著手規劃網路廣告內容。

對網路廣告，我有十足把握，是因為進肯德基前我在Yahoo!Kimo做過業務，我清楚網路廣告的訣竅，就是一定要非常大量的曝光，網路廣告內容要針對網路族群提供他們最會立即反映的好康，就是降價，既然網路族群的消費者多數是年輕人，也就是肯德基的目標消費群，且年輕人對吃速食這件事，在價格上是敏感的，我於是對這樣的計畫胸有成竹！

我請Yahoo!Kimo當年業務部那幾個我曾經帶過的子弟兵們，幫我規劃在網路上做肯德基折價券列印活動，網友可以自己列印下來拿到肯德基去優惠購買餐點，這不但可以讓真正有興趣的網友快速找到吃肯德基最省錢的方式，而且還省下了折價券的印刷費用！

準備網路廣告的同時，那支「六六大順」電視廣告正在上檔，效果就如預期中的「船過水無痕」，有準備的我們立刻下掉廣告片，當週的週末就把我們的折價券廣告刊登在網路上了！

驚人的效益發生了，那個週末，業績立刻飆速提升，跟去年同期比成長了百分之十以上，與上週相比多了一倍，每一家餐廳都排滿了客人，餐廳經理忙翻了，我老闆當然也笑開了眼！

別的國家頓時翻轉對台灣的看法，紛紛來email問我到底是做了什麼？**過去半年來大家都挖空心思「救台灣」卻一直呈負成長，而我一來不到一週就能翻轉？**

我說：「沒什麼啊，我只是上了網路折價券廣告！」

Olga的個性不是急，是急得不得了！

我不是謙虛，降價活動本來就是炒短線，不值得炫耀的！我當時認為當務之急就是要先生存再求成長，這個廣告的目的只是先「止血」，先提振短期業績，讓員工打起精神、恢復士氣，信心滿滿後，再來規劃長期的策略！

其實上網路廣告不是什麼新招數，誰都可以想出來，但當時整個行銷企劃部好像睡著了一樣，日復一日地拍著越來越無聊的電視廣告，內容也多數是促銷降價，腳本創意很缺乏震撼力，也沒有讓觀眾印象深刻的記憶點，每個月一兩千萬的電視媒體預算，我看著都心痛。

我上任後第一個要改變的就是要將沉睡的行銷企劃部喚醒！要把氣氛重新整頓起來，就要給大家使命感，讓大家負起公司業績的責任，每一個月的新廣告只許成功不許失敗！當我對我的行銷企劃部團隊的五位部屬做自我介紹時，我說：

「很多人說我的個性很急，但只有一個人說得最對，她說：『Olga的個性不是急，是五個字——急得不得了！』」

我告訴同事，肯德基不應該再這樣沉淪下去！肯德基的東西這麼好吃，我們要對自己的產品有信心，好東西不跟別的品牌相比也會勝出，我會用最迫切的「急速」帶領大家去打贏這一仗！

但光是信心還不夠，還要有超級行動計畫！我歸納出當時對肯德基能否翻轉的決勝關鍵有三件事：

1. **印象深刻的廣告片**
2. **突破創新的新產品**
3. **餐廳人員的熱情促銷**

要做出令人印象深刻的廣告，首先我下手的是換掉廣告公司。速食業是個非常廣告導向的產業，廣告做得好不好，業績會立刻反應，雖然奧美廣告負責肯德基的業務做了十年以上，又是我的老東家，但是廣告效果不彰是數據上的現實，我還是忍痛把他們換掉了！

新廣告公司是一家很小的廣告公司叫達美高（註：後來改名為陽獅廣告），他們的總經理鄭以萍是我以前奧美的同事，我與他們見面才兩次就決定換他們了，連叫他們比稿都省了！選擇他們是因為看到他們與我談話時眼中表現出的熱情，換廣告公司在一般大廣告主可是一件非常重要的事情，但我憑藉直覺知道他們應該沒有問題！

從一個超級廣告公司換到還沒有名氣的小公司，這個決定當然讓我背負了極大的壓力，於是**我自己捲起袖子，一面自己下海去餐廳實習，一面絞盡腦汁發想廣告方向，不斷的用電話與他們的創意人員互動，腦力激盪討論用什麼方式想出下一支電視廣告腳**

本。

因為他會逗大家笑！

我去餐廳實習時發現一件事情：過去外帶全家餐只有比斯吉一種選擇，但一線的員工告訴我，他們曾將配餐改成蛋塔、玉米、辣雞翅、比斯吉四選一，效果非常好。但是這個活動只有在店頭進行，並沒有大張旗鼓的告訴消費者。

既然效果不錯，為什麼不借力使力呢？我馬上將這個點子和廣告公司溝通。

廣告公司提出一個腳本，故事是一個男生走進肯德基要點一桶外帶全家餐炸雞，到了點配餐時，因為四種選擇每樣都很好吃，他不知要選哪一個配餐，於是他站在櫃台說說：「那個……比斯吉好了！」服務生回頭要拿時，他突然大叫一聲：「等一下！……還是蛋塔好了！」

當服務生回頭要拿蛋塔時，他又再度大叫：「等一下！……還是玉米好了！」

當服務生一回頭要拿玉米時，他又聲嘶力竭第三度大叫：「等一下！」

最後廣告出現：「肯德基外帶全家餐，好料四選一，統統都好吃！」

其實這腳本的本身沒有什麼特別的創意，只不過是一個很平常的場景，有個拿不定主意的客人一直說「等一下！」罷了，關鍵是那個男演員的演技！

當時廣告公司找的導演是李幼喬，他是我第一支肯德基廣告片用的導演，也是後來我們最常用的導演！

李導找來的一群試鏡演員中，我看上其中一個演技非常誇張的男演員，當他在試鏡當中說「等一下！」時，現場每一個人都大聲笑了出來，他的聲音充滿了誇張的表情，能立刻惹人爆笑，這麼熱烈的反應當然就是他了，當時還有人提醒我「這個男演員長得不夠帥啊……」

但我非常有信心地說：「就是他了，因為他會逗大家大笑！」

為什麼我要那麼在意演員能不能令大家發笑？因為當時外帶全家餐是個上市十幾年的老產品，從它進來台灣就沒有改變過！沒有創新只好用印象深刻的廣告讓大家想起它來！

拍完片要做「後期製作」（註：就是要剪接、配旁白、音樂、特效及上字幕）時，我帶著當時才八歲的雙胞胎李平、李安去看片，他們兩個一看到男演員大聲喊說：

「等一下」時，兩個小男生居然笑到摔到椅子下！我知道這一定會成功！

片子一上，全家餐不但業績翻兩倍，該句：「等一下！」馬上變成消費者朗朗上口的廣告金句，連綜藝節目主持人都常常模仿，還有別品牌的廣告也開始抄襲這句話！

「等一下」爆紅之後，我趁勝追擊叫廣告公司繼續想新腳本，目的要讓消費者感覺到「肯德基炸雞好吃到你絕對不願意被別人搶走」！這是非常有consumer insight（消費者洞悉）的想法，任何人看到好吃的東西不都是這樣想嗎？

於是他們又做出一系列「等一下」的廣告，「胖妹篇」也一上片就轟動得家喻戶曉！

內容是某位胖妹工讀生買一桶肯德基外帶全家餐，拿去給在公司會議室加班的一群主管，鏡頭出現會議桌上的一個個看起來很討人厭的辦公室長官，他們一邊拿走一塊塊炸雞，一邊用手擋開想要分一塊炸雞的胖妹工讀生，每個人每拿一塊炸雞，都兇巴巴地用手擋開胖妹工讀生，並大聲對胖妹說：「等一下！」然後把炸雞桶傳給下一個人，直到最後炸雞桶傳到了總裁那邊，胖妹眼看總裁就要拿走最後一塊炸雞，她終於受不了了，也大叫一聲：「等一下！」

然後她大膽地衝上會議桌，並誇張地像表演特技一樣滑行到桌子最前端的那位總裁面前，從他手上搶過那最後一塊炸雞，自己咬一口後，才心滿意足地還給那個總裁說：「你拿著！等我一下！」

這支廣告片的導演陳玉勳非常厲害，拍片前的製作會議並沒有告訴我他要拍胖妹跳上桌子搶炸雞的畫面，但當他交片時，我一看那些事前沒有講過的片段，反而最愛的就是這一段，覺得這跳桌子的畫面真的是神來之筆，這一段一定可以讓這支片大大成功，後來果真是因為這誇張的畫面，那位胖妹工讀生也馬上紅了！

很坦誠的說，肯德基的店數只有麥當勞的三分之一，除非有非常具震撼力的廣告，否則哪有辦法說服消費者走出門，或辛苦的開車在城市裡繞幾圈找我們的餐廳買一桶炸雞？因此這兩支廣告，我給了廣告公司非常大的創意空間去發揮，我們的廣告公司及廣告界的各個有名的導演，因此開始更熱愛做肯德基廣告了。

我給廣告公司壓力時，會幽默地說：我們肯德基的廣告一定一定一定要：「語不驚人死不休！」

這個不好賣？我頭給你！

業績的提升振奮了許多員工，**我又到前線跟員工喊話，加強他們的熱情，這是餐飲服務業很重要的事情！**

餐廳經理在新產品上市前都有個訓練會議，我親自上陣去全省五個區域，面對面向全省一百多家餐廳的每一位餐廳經理解說產品的優點。那時，我們正推出新產品「勁爆雞米花」，它的包裝是像爆米花包裝的小盒子，裝著外型也很像爆米花的無骨雞腿肉丁裹粉炸出的香噴噴熱騰騰的雞肉點心！吃起來有點像沒有骨頭的鹽酥雞，不但好吃且新奇，重要的是這是點心，不會對原有的套餐餐點產生業績移轉（cannibalization），客人不太會因為點了勁爆雞米花就不點炸雞或漢堡，因為吃不飽，所以它應該是餐點後加點的點心，若是能賣得好，絕對是額外的業績（incremental sales）。

我熱情地解釋，要求他們只要客人一上門就一定要熱情促銷，每盒雞米花單點是六十九元，若點套餐後加點只要加三十九元，若點飲料後加點只要四十九元，我們用盡各種方式要讓客人一定點到這包勁爆雞米花，我看著餐廳經理們專注地聽我說話，我也興奮地說出我過去最愛對客戶說的一句話：「這個不好賣？我頭給你！」

我又提出一個「激勵競賽」，目的在讓大家比賽誰的雞米花賣得最好，「點購率」最高的餐廳可以得獎金，這樣的加溫動作，讓餐廳真是全員動起來，自己發揮創意做餐廳內部的比賽，還做了一堆POP，後來的成果是有七成的客人都點了勁爆雞米花！

過去廣告產品有三成的客人點就不錯了，這真是空前的成功，**肯德基在台灣快二十年，從來沒有上市過這麼有新意又成功的新產品！**其他業者也跟著模仿起雞米花這個產品！

再過兩個月，我們又上市一個更創新的產品，叫「墨西哥雞肉卷」，那是一種用墨西哥Q餅皮，將現炸雞腿肉條及新鮮番茄丁加生菜，再淋上特製美乃滋醬，捲起來吃的一種輕食，完全異於一般速食店的漢堡，又為肯德基新產品再度攻下一城，業績更是再度達到兩位數的成長，餐廳廚房工讀生捲都來不及捲就賣光光了！餅皮訂得不夠多，居然緊急到要空運進口……

隔不到半年，我去國外開會看到實驗廚房做出一系列雞肉捲的新口味，其中一種雞肉捲改為用小黃瓜、蔥段及甜麵醬來當佐料捲起雞肉的做法，真像中國菜著名的「北京烤鴨」，我一看就覺得這會是一個可以在台灣造成話題的新產品，因為太有趣了！於是我找廣告公司來簡報說明：「這是膽敢跟北京烤鴨挑戰的西式速食！」並取名為「正北平雞肉捲」！

因為鮮明的定位，廣告公司很快就想出一支腳本，故事是發生在一個北京知名的烤鴨店裡，有位小徒弟從店外驚惶失措地衝進餐廳說：「師傅師傅……不得了啦！肯德基出了一種……」他突然被打斷，因為老闆全家面色凝重地正要試吃早已買回來的肯德基正北平雞肉捲！

老闆娘一口吃下，驚呼：「黃瓜鮮脆，如沐春風！」此時背景出現新鮮黃瓜甩出一堆水滴來！

老闆的女兒也吃了一口，大叫：「這蔥段真是夠味兒，威力十足！」此時背景出現一把鮮蔥美麗地被甩動著，然後輪到師傅老闆要吃了，大家都很緊張！

他一口咬下，幾乎要流下淚來說：「喲！正宗甜麵醬加現炸雞腿肉，這真是……神來之筆啊！」他難過地哭了起來，該是想到他要倒店了吧！

更絕的一句話出來了，他說：「肯德基出了這個正北平雞肉捲，咱們怎麼辦啊？」於是他誇張地嚎啕大哭，這時小徒弟說話了：「師傅！別擔心！這是台灣上的啦！」

結尾出現：「西式美味更勝傳統，肯德基正北平雞肉捲，全球首賣！」

這支廣告片的製作質感非常好，看過一次就會記住，因為實在太好笑了！正北平雞肉捲當然大賣，接著我們又趁勝追擊，接著推出「台灣旅行團篇」、「雙捲對決篇」，都獲得許多迴響。

這是我到任的第一年拍出最好笑的一系列廣告片，我到現在都記得一清二楚！

「月餅不要來」的蛋塔傳奇！

還有一個傳奇的產品就是「蛋塔」。

大家一定都記得台灣的「蛋塔熱浪」，但卻不知道最早點燃這火炬的正是肯德基，一九九八年肯德基從澳門瑪嘉烈蛋塔的發明者取得獨家配方在台上市，立刻造成轟動，但不到半年內卻因全台瘋狂大開蛋塔店模仿而毀於一旦。迅速泡沫化之後，留下來的只剩那個一台價值三十多萬元的「萬用蒸烤箱」，放在我們的餐廳廚房內，那閒置的烤箱一天用不到一次。

我到餐廳實習時，營運總監常意味深長的看著我說：「Olga！你看看那烤箱，那麼好的烤箱，整天閒置涼在那裡……你做行銷的，拜託你想想辦法把蛋塔再炒熱起來！否則這烤箱都要結蜘蛛網啦！」

我聽到這話時，是二〇〇一年，蛋塔熱潮都已過了三年，早就沒有人在談它了，一個死掉的商品要怎樣活過來？我還是用老方法，去問第一線餐廳營運人員過去有什麼促銷案讓蛋塔好賣過。他們說曾把六顆蛋塔包裝成一盒賣得還不錯。

噹！「一盒」……我頭上的燈泡突然亮了起來！

當時快中秋了，誰規定中秋節一定要送月餅？蛋塔形狀圓圓的不是跟月餅很像？而且新鮮現烤出爐的蛋塔，要比冷冷的月餅還有誠意！

於是我請廣告公司設計了一個中秋節的禮盒，還想了一支「月餅不要來」的廣告，內容是一個扮成中秋月餅的人進入家中，卻被人趕出去，廣告詞說：「今年中秋，送肯德基蛋塔，新鮮出爐！肯德基的一小步，人類的一大步！」結果片子一上，蛋塔銷售立刻衝到頂峰，每天餐廳排滿了等蛋塔出爐的顧客，烤都來不及烤。

蛋塔學問很大，它的塔皮是純手工捏製的，因為賣得太好，塔皮馬上就斷貨了。中秋節不到，我們就被迫下掉廣告免得顧客抱怨，這下子我們才知道蛋塔的威力！

接下來幾年我們不斷推出新口味的蛋塔，像卡布奇諾蛋塔、焦糖馬琪朵蛋塔、沖繩黑糖蛋塔、加拿大楓糖蛋塔、皇家椰奶蛋塔，還有可以放到冰箱冰過再吃的「四度C蛋塔」……每年都固定在農曆年、母親節、中秋節推出新口味蛋塔廣告，一年固定三檔，於是**蛋塔年銷量從二〇〇一年四十萬顆衝到二〇〇五年的三千兩百萬顆，佔業績的百分之十二，且完全是額外的業績（incremental sales），就是完全不造成內部業績移轉（cannibalization）！這真是一個奇蹟！**

肯德基讓我大開眼界

因著這些表現，我們中國區總裁Sam也非常高興，他是台灣人，在上海總部將肯德基團隊帶領得很好，早已把麥當勞遠遠甩在後面，到台灣來聽到這些廣告時，跟我一樣覺得我們要在台灣迎頭趕上麥當勞，一定要極力開發新產品，做出令人印象深刻的廣告，並將營運前線的餐廳員工訓練加強，業績好起來才能快速展店！也因為Sam對我的賞識，他要台灣總經理安排我對每一個部門的事務都積極參與，其中最實際的做法就是參加每一種「委員會」。

肯德基有很多委員會，每個月都要開一次會，以便確保一切重要決定的品質，我們成立了開店委員會、新產品委員會、營運利潤管理委員會、採購委員會……等等，我從參加委員會會議中慢慢地了解到餐飲產業的偉大，想想還真沒有一個產業像餐飲業一樣複雜又有學問！

餐飲連鎖業是在自己的通路，賣自己生產的產品，也要自己去發展新產品、採購食品原物料，訓練自己餐廳人員親手現做，自己去找到新店面，自己去蓋出那棟餐廳來，餐廳內的員工也要自己培訓，餐廳經理要負責維繫工讀生水準，提升餐廳營運人員士氣，降低工讀生離職率，維持餐飲品質及食品安全，降低食材損耗率，提升餐廳利潤，了解餐廳商圈以便做單店行銷……有太多事情要學了！以前我沒有機會碰到的，在這裡全都可以學到，進肯德基的第一年真是讓我大開眼界！

那段工作期間，我最佩服的是肯德基的企業文化。

肯德基的全球總裁親自寫下群策群力（HWWT，How we work together）的文化，因為餐飲業是個非常講求Team Work的產業，他寫下八大重點，有：

為客瘋狂（Customer Mania）：我們不僅要傾聽與回應顧客的心聲，更執著於多付出一些令顧客更滿意！

相互信任（Believe in People）：我們相互信任，相信所有人都出於好的動機，鼓勵並廣招多元化、背景不同的員工！

認同鼓勵（Recognition）：我們為其他同事的成功慶祝，並樂此不疲！

輔導支持（Coaching & Support）：我們互相輔導，互相支持。

有責任心（Accountability）：我們說到做到，擔負責任，正如我們是主人。

貫徹卓越（Executional Excellence）：我們透過不斷的改善和創新來交出一年比一年漂亮的成績單，並不停地追蹤考核。

正面積極（Positive Energy）：我們以正面的角度看待問題，積極行動，我們痛恨官僚並避免其帶來所有的無聊現象。

力爭而合（Teamwork with Productive Conflict）：透過有建設性的辯論，不管相距或分駐各地，我們都能實踐團隊合作！

還有一個很重要的理念牽動整個公司，叫RGM Number 1，就是視餐廳經理為最重要的領導者（RGM is our number one leader）。我們稱餐廳經理為RGM（餐廳總經理，

Restaurant General Manager），因為他們要帶著每一家餐廳的員工為該餐廳在該商圈打造肯德基這個品牌，因為不論廣告做得再好，顧客一進到餐廳看到的任何事情都牽動到他對這個品牌的看法。我們以CHAMPS來檢視餐廳在顧客面前的表現是否面面俱到，CHAMPS就是：

C：Cleanness 美觀整潔的環境

H：Hospitality 真誠友善的態度

A：Accuracy 準確無誤的供餐

M：Maintainess 優良維護的設備

P：Product 高質美味的產品

S：Speed of Service 快速迅捷的服務

為了解餐廳的顧客是否滿意，每個月還雇用「神祕顧客」去餐廳依照CHAMPS的各式問題為餐廳打分數，以便檢討機會點，而餐廳經理就是要擔負CHAMPS一百分的責任，除了顧客滿意之外，業績、人員、利潤、訓練……等環節，餐廳經理都要面面俱到，真的是餐廳的「總經理」！

這個RGM No.1的理念，讓肯德基RSC（註：Restaurant Support Center，總公司的代稱）裡，共十一個部門，每一位員工都得把全省餐廳經理尊為第一號重要的顧客去服務！讓他們可以無後顧之憂地在前線為公司打拚！當然餐廳員工也要盡量滿足甚至超越顧客的需求，這叫做「為客瘋狂」，我解釋為：

為了顧客，可以瘋狂的做出讓人感動的事情！比「以客為尊」還厲害！

在肯德基的第一年，除了做出許多膾炙人口的新產品與廣告，我開始學習公司各部門的專業知識，也同時愛上了這公司的一切文化！

為了要讓這文化扎根，肯德基會用各式活動全年無休地落實員工對這些文化的實踐，從月會、年會、頒獎、人員評估、升遷、培訓接力棒計畫、人員發展行動計畫……都是繞著這文化不停地洗腦，執行，評估再評估，有時非常嚴肅。

例如在餐廳CHAMPS不到一百分時，餐廳經理檢討時，大家會表現得非常難過。有時又非常青春有活力，例如在年會時，我們會用遊戲，或認同鼓勵或頒獎的方式，讓餐廳員工很high，而我也變成大家最愛拱上台的開心果，因為我一上台就自然high到不行，帶動唱、帶動跳……我樣樣都敢來，我熱情地展現對這個公司及團隊的熱愛。每次我站在台上，就好像回到國中時，參加救國團活動一樣，感到年輕極了！

意外的高位

不到一年，中國總裁Sam把原來台灣的總經理調到中國去，他要我接下總經理的位子！

很明顯Sam是在錄用我進來時，就想培養我成為總經理接班人的！

我有些忐忑，覺得自己一點都沒有準備好，當下是Sam來台灣約談我時，我跟他說：「Sam，不要吧！我只懂行銷，其他有關營運、財務、採購……我都還不熟，這樣升上來會害死公司！」但他對我非常有信心，他說：「**Olga！你有四種特質，一定可以做得很好！第一，你非常熱情，做一個領導者一定要熱情，第二，你非常有膽識，有膽識才能做大事！第三，你懂得打造品牌，第四，你知道如何建立團隊！**」

真是這樣嗎？我想想他的讚美的確是我特別的優點，但是我的累積夠嗎？我的能量夠嗎？戰場就在眼前，我的武功已經練好了嗎？我行嗎我行嗎我行嗎？我不斷不斷的自問。

不管我是否有信心，老闆可是決定得非常乾脆！

我即將成為一個超過五千名員工，營業額數十億的公司總經理，那是在二〇〇二年的九月，距離我加入肯德基做行銷企劃總監才一年五個月！我感到非常惶恐、還有一些不真實。

Sam好像就把我這麼一拎，提到一個我從沒想過會這麼快到的位置！

二○○二年九月，我即將成為一個超過五千名員工，營業額數十億的公司總經理。

肯德基的高峰

上市時，我們更設計了一個驚人創舉，就是全省肯德基的每一位餐廳櫃台員工，凡遇到顧客點薄皮嫩雞，就一定要對客人舉手敬禮說：「您真內行！」

生意好到炸鍋都不夠用！

二〇〇五年，是肯德基非常重要的一年，當時推出了許多的新產品，並且做出了一系列超級轟動的廣告，像「這不是肯德基！」還有「您真內行！」等等。那一年的輝煌成績其實並不是偶然，而是經歷好幾年的挫折之後，才贏得的成果，這一切都要從二〇〇二年我剛被升任總經理講起！

當時我第一個最頭痛的挑戰是：模仿者興起！

到處都是肯德「雞」

二〇〇二年時，突然有好幾家肯德基的模仿者出現，我們內部叫它們為copy cat！諸如KLG炸雞、吮指雞……等，他們用小成本加盟體系，廣納創業者加盟開炸雞店，不但招牌設計得有百分之八十雷同，連菜單中所有餐點都模仿肯德基，將我們多年苦心經營的商品名稱都完全用上，像是「外帶全家餐」、「咔啦雞腿堡」、「墨西哥雞肉捲」、「雞米花」……全部抄襲我們，且這些人開店速度之快，在半年之內就開了超過兩百家（而肯德基二十年來才開了一百三十多家）。

這些品牌加盟店的開店策略，大都坐落在非主要都會的縣市，往往就在肯德基各餐廳對面或隔壁，可怕的是它們的產品只賣我們一半的價錢，大大的打擊了肯德基的生意。而且近乎相同的招牌、品質不佳的產品，常常有顧客拿著這些copy cat的產品來到肯德基的門市，質問我們的炸雞怎麼會這樣難吃？

我們業績中佔最大比例的外帶全家餐一下子掉落到谷底，因為copy cat賣的「假外帶全家餐」只要一百九十九元，而我們卻要三百九十九元，甚至有媒體沒有深入了解，直接報導「肯德基亂定價錢，同一條街上的全家餐居然價差兩百元」！

事實上，肯德基的「真」外帶全家餐內容是一桶九塊炸雞，加上配餐及一大瓶兩千五百cc的可樂，定價三百九十九元，這樣一個超值套餐是單點價的六五折左右，便宜又大碗！但copy cat賣的「假」外帶全家餐，卻只有七塊炸雞加兩杯小可樂，還混淆視聽地在廣告上寫原價三百九十九，現在只要一九九！

誤會只會越來越大，於是我決定出手反擊！

這不是肯德基！這不是肯德基！

還是從廣告下手，我們要好好教育消費者肯德基炸雞有什麼不一樣，因為它是新鮮現做，在肯德基廚房用生鮮雞肉將獨家香料，加上特有的7-10-7裹粉手法，把酥脆的裹粉炸得像「鱗片」一樣附著在炸雞上，吃起來就是外皮酥脆，鮮嫩多汁……就是跟別的copy cat不一樣！重要的是「自己做不出，別處買不到」啊！

結果廣告公司第一次提出一個腳本叫「電影院篇」，有個小孩坐在戲院中，媽媽帶進場一桶炸雞給他，他一吃就大哭說：「這不是肯德基！」媽媽覺得很糗就說：「炸雞不是都一樣？」旁邊的觀眾齊聲大叫：「不一樣！」接下來就一大串文案說明新鮮現做裹粉……等製作過程，此片一推出並沒有造成話題，我們檢討之後覺得內容太囉唆了，消費者沒興趣看我們炸雞怎樣做出來！

其實只要被提醒肯德基有多麼好吃就夠了！但要怎樣講肯德基好吃才會讓人記憶深刻呢？我們的腳本一定要有consumer insight才可以！

我曾經觀察到在國內機場裡，常常有阿兵哥帶著我們的外帶全家餐上飛機到外島去，因為外島沒有肯德基。這不就是最真實，也最好的消費者共鳴點嗎？

於是我請廣告公司重新發想腳本，目的是強調肯德基炸雞才是王道！並且我指名要用當兵的阿兵哥做故事主角。結果那支「阿兵哥耍賴篇」的腳本很輕易地生出來了。

軍隊的探親日，老媽媽送了一桶炸雞去給當兵的兒子，阿兵哥開心期待地咬下那一口，卻大叫：「這不是肯德基！」

然後那個阿兵哥像個小孩子一般倒在地上，邊打滾邊耍賴說：「這不是肯德基！這不是肯德基！！」

片尾只有一句話：「吃炸雞就是要吃肯德基！」

全片一氣呵成，完美上市！最後阿兵哥耍賴打滾的場景，成了最經典的畫面，這是導演李汪霖自己加的，我真要謝謝他！而那兩句「這不是肯德基！這不是肯德基！！」也成為年輕人的流行語！還有一群網友誇張的在網路上討論，據說還有人跑去麥當勞點炸雞，然後發瘋似地在麥當勞大廳倒下來打滾大叫：「這不是肯德基！」

沒多久，有媒體在晚間新聞報導這支廣告片「有辱國軍形象」，大張旗鼓的來訪問我，我輕鬆的應對：「這只是一種幽默的表現手法，相信大家都可以有這種幽默感才對！」事情就這樣化解了，但是這則新聞在媒體不停重播，反倒讓我們得到了免費的超級宣傳！

更猛的是，我們馬上趁勝追擊想出了一系列「這不是肯德基」的廣告，都是以一些關鍵時刻，當你非得吃到最愛吃的東西卻發現沒有時，會有多「幹」的心情。（對不起，只有這個髒字才能傳神表達我的意思！）

其中有死刑犯的最後一餐、和尚出家前的最後一餐葷食，支支極度爆笑！我最喜歡的是和尚出家篇，有趣的是這篇的文案從頭到尾都是老闆Sam親手寫的。

一位師父正幫一位少年剃度，突然少年嘆了一口氣，師父的眉毛動了一下。

少年：「媽——麻煩你，最後一次！」

媽媽：「兒子——來啦！」（拿著一桶炸雞跑過來。）

兒子高興的拿起炸雞咬了一口，表情突然凝結住……

少年：「這不是肯德基！」

少年跑到師父的面前拜別：「師父，恕弟子塵緣未了！」（少年轉身就走。）

口白：吃炸雞就是要肯德基！

還有一支也是超爆笑的「三太子篇」：

供桌前有位三太子附身的乩童：「久沒來，攏忘記我愛吃什麼！」（台語）（說著把神桌上的東西都揮到地上。）

三太子氣得說：「大膽！」（台語）

一個信徒恭敬膽怯地拿著一桶別牌的炸雞說：「來了！」

三太子拿了一塊炸雞高興的咬了一口，突然表情凝結住大叫一聲：「這不速肯德基！」

（三太子走向嚇得半死的信徒。）

三太子：「你攏沒看廣告喔？」

三太子：「沒粗到肯德基——A足不爽！」

口白：吃炸雞，就是要肯德基！

啊！這些代表作都是我永遠的回憶，永遠的驕傲！我好愛好愛好愛肯德基！

行銷人員都渴望的dream campaign

中國人說「趁勢而為」，一點也不錯！

「這不是肯德基」系列廣告將肯德基的形象重新翻轉，不用數字佐證，也可以明顯的感覺到那股銳不可擋的「勢」！

我們接著拚，為了要拉抬我們的老產品「原味雞」，二〇〇五年我們推出一支空前絕後成功的廣告：「您真內行！」那是我們做出的一個畢生難得的佳作！我稱它為任何行銷人員都渴望的dream campaign！（作夢都想不到的成功廣告！）

當時我們對原味雞真是束手無策！它雖然是肯德基爺爺發明的開山始祖產品，但它就是比不上咔啦脆雞的辣味脆皮受歡迎，這個狀況在世界各國都相同，只要咔啦脆雞一上市，這個可憐的原味雞就沒人要了！賣不好，餐廳就不敢多做，免得過時就要丟掉，好不容易有客人點時，往往就得要等，越等越讓人不想再點，一直惡性循環。

我們非常不甘願這經典產品被這樣對待，於是就做了一系列市場調查，發現其實原味雞有它的一小群忠實客戶，他們都用同樣的形容詞，說那原味雞的皮很薄、很嫩，咔啦脆雞的皮雖然很脆，但他們就是對這原味雞的薄皮情有獨鍾！

既然如此，為什麼不直接把它的特色放在名字裡呢？於是我們立即重新命名，直截了當，乾脆就叫做「薄皮嫩雞」！

廣告公司一開始想出的腳本很無聊，一直繞在市場調查中消費者對它的形容詞及製作過程打轉，我老闆Sam來台灣時，看到這些無趣的腳本內容，很直接地問大家說：「你們看市場調查的資料就這樣看？如果就這樣做廣告，你們真的覺得就會讓它大賣？」

霎時會議桌上所有人一片寂靜，沒人知道該如何回答這個問題。

我當場舉手說：「我可不可以說一下我怎樣推銷薄皮嫩雞？」

Sam點點頭：「你說說看！」

我鼓起勇氣說出我自己的觀察，其實不是從什麼花錢的市場調查報告得知，我只是告訴他我過去的自身經驗！

我說：「每週四，我在台大EMBA上課，如果大家當晚的晚餐點肯德基，大家都愛點咔啦脆雞，我就會叫他們試試看原味雞，我告訴他們，『你一定要吃一次我們的原味雞，它可是肯德基自己的餐廳員工都愛點的炸雞，因為只有肯德基自己人才知道它的祕密，它才真正是肯德基爺爺發明的創業代表作，而且用壓力鍋去鎖住肉汁，才會這麼鮮嫩多汁，它的皮很薄，但很有味道，它真是只有內行人才懂得點的原味雞！』每當我這樣講，大家就真的都會改變主意去點原味雞吃了！很有效！」

我唱作俱佳地講著，聽得Sam眼睛都亮了起來！他馬上說：「你們這定位就是——內行人的炸雞嘛！」

定位有了，廣告公司就針對「內行人的炸雞」去發想腳本，但是一直難產，眼看廣告檔期就要到了，偏偏面臨著我要出國，我都快急瘋了。

我告訴他們：「沒時間了，來不及了，可不可以把一些你們想過但是丟到垃圾桶的腳本講給我聽聽？」

他們說有是有，但是覺得那支腳本不夠好——有個大男生去餐廳點薄皮嫩雞，突然店員們就對他敬禮說：「您真內行！……」

我一聽就很有感覺，大叫：「這個好啊！只要把大男生改為小女孩，這樣餐廳員工一字排開對她敬禮說：您真內行！產生的反差才夠大，畫面才夠力！」

就這樣，我們的「小女孩篇」生出來了！當時拍片的導演是李幼喬，是我最愛用的導演，他非常棒，找到一個超級可愛的小女孩演員，當她走進畫面中，是一雙小孩的腳走進餐廳要點餐——

服務生問：「妹妹！你要點什麼？」

小女孩：「我要點薄皮嫩雞！」

服務生嚇一跳，連餐廳經理也跑出來，然後他們一字排開站住，一起整齊地敬禮對著小女孩大喊說：「您真內行！」

畫面切入薄皮嫩雞製作過程，然後帶到小女孩滿足地邊吃炸雞邊舔著手指，有人問：「妹妹！你點的是什麼啊？」

小女孩說：「薄皮嫩雞啊！超好吃的你都不知道！」

結尾口白：內行人的炸雞！肯德基薄皮嫩雞！

上市時，我們又設計了一個驚人創舉，就是全省肯德基的每一位餐廳櫃台員工，凡遇到顧客點薄皮嫩雞，就一定要對客人舉手敬禮說：「您真內行！」

整個公司都快瘋掉了！有人一開始不敢這樣做，但是有人做得很開心，顧客也跟著開心大笑，這樣非常鼓勵員工繼續做敬禮的動作！甚至有顧客坐在客席上等待有工讀生敬禮說您真內行時，一起跟著從客席站起來模仿敬禮，大叫：「您真內行！」

我們於是又趁勝追擊拍出三支「您真內行」的廣告！有一支是「將軍敬禮篇」，小兵拿著肯德基薄皮嫩雞碰到將軍進軍營視察，將軍一看到他就立正敬禮對他說：「您真內行！」這片拍出來後，又有晚間新聞報導說我們侮辱將軍，讓我們的片子知名度更大！

還有一支「總統敬禮篇」是長得像阿扁的總統在總統府，看到長得像呂秀蓮的副總統拿著一桶薄皮嫩雞到他面前挑釁，阿扁一看也只好不甘願地立正站好，舉手向她敬禮說：「您真內行！」當然媒體又是一陣譁然……

整個薄皮嫩雞的廣告活動，加上店內服務生向顧客敬禮的活動，把我們的原味雞真的從死裡復活，變成超級熱賣的英雄！生意好到炸鍋都不夠用，業績衝到最高峰不說，員工在店內跟顧客敬禮都快玩瘋了！

我們的全球總裁David Novak一向重視「為客瘋狂」文化的推動，他知道台灣這項創舉，竟親自寫了一封信給全球員工說「台灣的肯德基薄皮嫩雞重新上市活動，是我認為將樂趣帶入為客瘋狂文化的最佳典範」，還把我們的廣告及店內服務生向顧客致敬的錄影帶傳送到全球給大家觀賞，台灣肯德基因此變成當年全球Yum集團中的一個明星！

當二〇〇五年底，業績、品牌形象、廣告知名度……都提升到最高峰時，我們的店數仍然只有麥當勞的三分之一。要找到肯德基餐廳，真的很難，開發部及營建部是負責開店的部門，幾年下來，我遍尋不著該部門的優秀主管人才，即使廣告打得再大，餐廳通路還是少得可憐，餐廳裝潢也有八成是老舊難看的，我提出這樣的困境，很快的，我老闆Sam就大手筆將中國大陸肯德基最優秀的開發與營建、營運……等三位重量級戰將調派來台灣幫助我們快速展店，改裝舊店，提升營運服務……以便彌補品牌的劣勢！

在當年的尾牙，Sam特地來台發布「問鼎計畫」，員工在尾牙宴上聽到Sam說：「肯德基在台灣可以贏，應該贏，絕對能贏！我們一定能拿下台灣速食品牌寶座的地位。問鼎計畫一出手，對台灣就是：要錢給錢！要人給人！」

這是多麼激勵人心的鼓勵啊！想想這些年大家的努力，終於讓公司對台灣市場重燃信心，願意大筆投資，我們整個團隊的熱情與士氣，就像火焰一般被這番話燃起！

我主導的廣告片很戲劇性，我的人生也非常的戲劇，我在肯德基的高峰，就從這個時間點開始進入無與倫比的挑戰！我想都沒有想到我竟會在之後不到一年內，就被迫離開我最深愛的肯德基！

Sam特地來台發布「問鼎計畫」，他說：「肯德基在台灣絕對能贏！我們一定能拿下台灣速食品牌寶座的地位。」但沒想到我竟在之後不到一年內，就被迫離開肯德基！

祝你離婚快樂？

每個週末送小孩回去後，我一人獨自開車回家，我悵然若失。那麼熟悉的一條路，卻常是開也開不完的漫長，心裡的悲哀、臉上的落寞，連公寓樓下大廈管理員都看得出來。

我問我自己：我該怎麼辦？

在肯德基工作的前五年，在職場我瘋狂的忙碌著、每分每秒都全力以赴，另一方面，下了班我像個鬆掉了彈簧的洋娃娃，一個人擁抱著巨大且無力的空虛。

我與健鵬分居之際，為了不讓小孩因為父母的分開，或是家庭破碎而感到恐懼，於是盡力安撫他們：爸媽太愛吵架了，所以要「暫時」分開來住，而你們週一到週五住爸爸家，週六日就住媽媽家，這樣就有兩個家了！

剛開始，我覺得這是最好的安排，對我、對健鵬，或者對雙胞胎都是。每個週末送小孩回去後，一人獨自開車回家，我悵然若失。那麼熟悉的一條路，卻常是開也開不完的漫長，心裡的悲哀、臉上的落寞，連公寓樓下大廈管理員都看得出來，電梯裡的鏡子也知道。我問我自己：我該怎麼辦？到底要這樣下去多久？沒有人可以給我答案。

我想，就找人算命吧！是的，我想用算命找答案！

在我受洗成為基督徒之前，我是一個徹底的「多神論者」，我愛拜拜，每當業績不好，我就會帶著業務團隊去行天宮拜拜；我也超愛算命，我曾開玩笑說：國父畢生致力於革命，我呢？我要畢生致力於算命與減肥運動！

我算命方法千奇百怪，有星座、塔羅牌、錢仙、碟仙、筆仙、鐵板神算……這些還不夠，有次還花好幾萬元，飛到國外給一個老外女人算，好像講英文的會更準！

那是在二〇〇二年，我的幾位女強人好友（一群「算命狂」的女總經理或是女副總裁們……）告訴我，有一個澳洲老女人很厲害，算命神準，因為顧客太多了，她不只在澳洲算，每隔一陣子還會巡迴亞洲各國去算命，若不提早預約根本沒機會。

而且這個大師每回算命，都會請助理將她講的所有內容錄製成一張CD，讓算命者帶回家聽，如果不是非常有自信，哪敢這樣做？除此之外，大師也很會行銷，只要曾經讓她算過命，每個月她會用email告訴大家她最近的行程，以及最新的預言，包括各國經濟政治民生，甚至天災人禍各種狀況……這些方式震懾了所有人，讓大師成了天師！

所以當我聽到算命天師將要到新加坡去時，我立刻請了假，買了機票飛去，茫然的我像個無知的小女人，心中帶著一堆的問號：我該不該離婚？如果離婚了，未來會不會再婚？再婚會不會幸福？

我一點都不想獨居一輩子！

在新加坡的一個五星級飯店的套房，我見到了這位算命大師，這個女人見到我時，用一種奇怪的牌要我抽一張排開來，然後叫我把手錶脫下，用來按著它，她一副專心思考，閉目養神的模樣，彷彿在「通靈」！

「通靈」了一兩分鐘後，她突然張開眼睛說：「你跟你老公分開了吧？」

「對呀！」好準哪！

「我聽到你現在住的房子晚上水龍頭滴滴答答的聲音！」

對耶！我家的水龍頭真的壞了一陣子了，我如搗蒜般的點頭。

「嗯！我看到你的老公是個陰鬱的人……」

呃，是……是啊。

「唉！他真是個無聊的人啊，你應該跟他離婚，因為他將來就是這樣鬱鬱寡歡地過一輩子了！……而且他叫你投資了基金對不對？那幾個基金也都虧大錢了，是吧？你要趕快贖回……」

聽到這裡，我的心都涼了，我還要跟健鵬繼續這個婚姻關係下去嗎？

「我離婚後，會不會再有人願意娶我？」我接著問。

她神祕兮兮地叫我再抽幾張牌，把牌排出來後，深深吸一口氣說：「我看到了！」

看到什麼？我好奇極了！

「我看到一個大概比你大五六歲的男人，他很sweet，長得很好看，有幽默感，我看到他的護照上蓋了好多章啊！他一定是個常常出國的人……」

當下我的陰霾一掃，我想這未來的丈夫一定是個常常出國的重要人士，搞不好是個CEO總裁，或是跨國的企業領導之類的。（好笑的是，我當時自欺欺人的只往好處想，卻沒想到他搞不好是個導遊，導遊的護照不也是蓋著一堆章嗎？）

算命說的話，我總把它轉到我想要聽的方向去！

我急著再問她：「那麼，我要到幾歲才會遇到他啊？」

她說四十歲，那時會遇到第二個老公，大師還一直強調他會是個非常成功的男人，很帥、很幽默……她說這個男人將會給我幸福。我被這些甜蜜話語迷昏頭了，記得當時聽到算命的這樣講，我竟然說：「**從沒有一刻像現在這麼想趕快老到四十歲！**」

算命完，一回台灣，我立刻去查我的基金，這基金是幾年前健鵬建議我買的，買了之後我從沒去關心過盈虧。這一查，嚇壞我了，果真跌到了谷底。

啊，那個算命的真的太準了！

分居兩年，我其實沒有積極想要去辦離婚，覺得離婚手續是麻煩的、是一刀切的，也或許怕自己有一天會後悔，但是因為這一趟新加坡算命之旅，回來後又看基金大虧，心情惡劣，我陷入了算命的迷思，更深信她說會有機會認識我的第二春……啊！我已完全失去理性了！

自私的我，果真地就去進行「這件事」了！

當時健鵬大概也看不到我們有復合的機會，他的事業正處於十分無力的階段，心力交瘁之餘，他淡漠的聽著我說，大概是拿我沒輒了，他說：「你要離婚就離婚吧！」但書是離婚的一切手續，連證人都要我自己去找。

我很快的找了兩位男生好友Billy和鄔裕康，當作離婚證人。

當天為了這場離婚儀式，他們兩個還很慎重的刻意打扮了一下，因此遲了時間。等他們趕到區公所，我與健鵬早就簽好了離婚協議書，證人一到就直接讓他們簽名，兩個大男生愣了一下，脫口而出：「啊！就這麼簡單啊？」

我啞然了。是啊，年輕的時候，我們曾經在愛裡面那樣追求，只為了一生的靈魂伴侶，而千辛萬苦尋獲了，到了分手，竟然只是這樣一分鐘的事情。愛情真的很荒謬啊。

更荒謬的是，因為大家都是熟悉的好友，簽了字後，我們就在戶政事務所聊起天來，健鵬說他前一天剛簽約買了一棟房子，Billy馬上反射的連說：「恭喜恭喜喔！」

健鵬後來說他真不知該哭該笑，離婚當天居然還聽到恭喜二字。

就這樣，我們輕易地把婚給離了！真正開始我的單身身分。

那天晚上，Billy在他家裡還為我辦了一個「離婚派對」，好朋友們不想讓我在單身首日寂寞難過吧，一群人都來了，還買了一個大蛋糕。切蛋糕的時候，大家把〈生日快樂歌〉的歌詞改了，一群人朗聲唱著鬧著：「祝你離婚快樂！祝你離婚快樂！……」

唱完後，大夥分食著蛋糕，刻意的喧鬧過後，氣氛突然安靜下來。Billy轉頭對我說：「Olga！我怎麼有種感覺，覺得你應該會再嫁給李健鵬耶！」

馬上我臉一沉，痛苦地說：「噢！不要吧！我才剛離婚呢，而且我花了好幾萬塊去國外算命，算命的說我會嫁給一個很棒很棒的男人耶！」

好友說：「可是我覺得李健鵬就很棒啊！」

我沒再接腔。我自由了，經過這麼漫長的爭吵、冷漠、撕裂，我終於自由了，不再被一紙婚姻困住，我像一隻鳥一樣地自由了！我不想再聽到好友的規勸，一顆心只是迫不及待的想知道自己何時會重遇愛情。

於是，我更愛算命了！每算一次就覺得更接近愛情一次。每回出國，除了工作的準備之外，打包行李時總會多準備一兩件漂亮的衣服，我希望大師口中那個「在世界各地飛來飛去的Mr. RIGHT」就會在這次旅程中出現！

好笑的是，這麼多年過去了，我從沒有碰到那位算命說的「多金、幽默、大我五六歲的帥哥」。

「我到底在幹嘛？我這輩子就要這樣下去嗎？」我還是在自問著同樣的問題。這些困擾我的問號，從未因為離了婚而消失。

我與健鵬離異的那四年，是我在肯德基最風光的時候，每年公司都有很棒的業績成長，對內，老闆賞識、團隊支持，我如魚得水；對外，當時我是全球肯德基唯一的女性總經理，我成了媒體矚目的焦點，不論是主持新產品上市記者會，或是速食業有新的趨勢，我的工作觀、生活觀、愛情觀，每個月媒體追著我訪問，我幾乎成了一個明星！

Olga！你怎麼會把自己弄成這個樣子？

但是，在人前風光的我，在人後是怎樣呢？是不是自由得像隻鳥？老實說，那幾年我心裡一點也沒有平安！我是隻被自己鎖在木心雕花籠裡的籠中鳥。

每夜，在我裝潢精緻的豪宅裡，我無聊地坐在客廳沙發上，拿著電視遙控器轉來轉去，沒有耐心停留在任何一台超過三秒。有時候拿起手機，腦中卻想不出一個想說話的人，手機名單中A到Z全部按完，常常一通也沒撥出去。

睡覺前我望著窗外，跑進我腦中的，竟然往往是我的前夫與兩個小孩！我總是煩惱著：「他們明天會不會睡過頭？我要不要打電話叫他們起床？功課做了嗎？有認真洗澡嗎？天氣涼了有沒有多加件外套？他們三個男生住在一起，家會不會很亂？」

於是，失眠是家常便飯，有一陣子常常睜著眼到天亮（且通常發生在週日晚把小孩送回前夫那兒後），一個人在床上翻來覆去，就是無法入眠，真是生不如死！

有幾次乾脆不睡了，起來打開電腦想寫下一些話，但對著電腦心中一片空白，唯一打出來的一行字竟是：「Olga！你怎麼會把自己弄成這個樣子？」

漸漸，我開始對很多原來喜歡的事物失去了熱情，曾經喜歡的逛街、購物、美食、旅行，再也無法引起興趣，朋友打電話來聊天，或是邀約吃飯，我也意興闌珊，連最愛看的電影也不想去了（因為不知道要約誰）。我似乎對工作以外的所有事情都失去熱情，我感到孤單極了，常常覺得人生沒有意義，在人前很難笑出來，愁容滿面，瘦到臉都凹下來，種種跡象顯示，我應該是得了憂鬱症！

朋友勸我一定要去醫院，果然醫生說我是得了憂鬱症，而且很嚴重，醫生告誡我必須長期服藥。

台灣的離婚率有多高？我背不出來，但我身邊的女友，好多都離過婚，常常一群人吃飯時，聊到婚姻，大家會突然尖叫說：「天哪！我們這桌四個女人全部離過婚！哇！這是台灣離婚率最高的一桌耶！」大家語帶輕鬆，但我知道內心其實充滿無奈，有時，我還會悲情地加上一個問句：「為什麼像我們這麼好的女生，都不能有快樂的婚姻？」

其實我身邊所有像我這樣事業有些小小成就的女子，心聲都差不多。我們真的不是大家以為的那麼工作狂，就只是對工作有興趣，我們也並不想做個沒有人愛的女強人，我們都渴望有個可以相守一生的伴侶！

當我離婚的那幾年，每次看到別人有家人陪伴都好羡慕，即使是別人老公幫我挪個車位、修個電腦，我都感慨地想哭。當我想到過去跟健鵬和孩子們週末一起去Costco大賣場買日用品，去百事達租DVD……這些平凡的幸福都過去了。我會難過到極點，心裡想著：「**這樣的日子能不能回來？**」

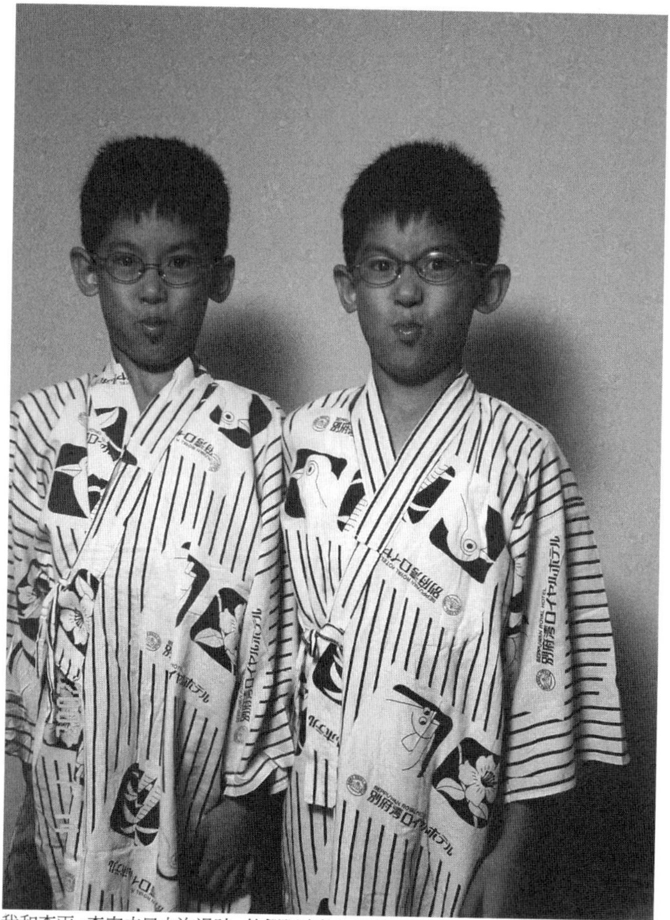
我和李平、李安去日本泡湯時，他們調皮的做鬼臉。

我的雙胞胎兒子

氣極了，我開始打他們！越打他們越恨我！當時唸小學六年級的他們，已經會用一些很傷我心的話語跟我吵架，後來到了週末前，甚至他們還說根本永遠都不想到我住的地方了。

一想到他們將不再跟我親近，這對我來說簡直是世界末日！

很多人知道我是工作狂，但很少人知道我其實是個非常愛孩子的母親。

當李平、李安生下來時，一個兩千兩百公克，一個兩千六百公克，就像所有的新生兒一般，皺巴巴的小臉、小小的身軀，從產房的影帶看去，兩兄弟好似一對「迷你小老鼠」。躺在床上極度疲憊的我，不斷聽見婆婆的笑聲，很難想像她似乎完全忘記了前陣子媳婦吵著搬出去的不愉快。

懷孕時幾番爭執才搬出來，生完小孩，我當然也不願意搬回去。坐完月子，我回到工作崗位，白天請了一個保母來帶小孩，台灣合格的保母很難找，找來的保母衛生習慣又不好，那時在Mattel工作的我，幾乎天天都加班，晚上拖著疲累的身心回到家，一開門看到的卻是堆積如山的奶瓶、到處亂塞的髒紙尿布，真想抓狂！

週末保母要休息，當然由我和健鵬自己帶，雙胞胎要哭一起哭、要餓一起餓，哥哥才換完尿布，弟弟又便便了，這讓我們的週末比上班還要累十倍。

我還記得有個半夜，突然哥哥哭醒了，我去抱哥哥，還沒哄完，弟弟又被哭聲吵醒，跟著哇哇大哭，我手忙腳亂，回頭一看枕邊人卻不見了，原來健鵬為了紓解壓力，半夜竟然跑去夜市打電動，我氣得全身發抖，一手抱著一個嬰兒，邊搖邊抖，怎麼哄也沒有用，還越哭越大聲，我叫天不應叫地不靈，氣得我真想把屋頂給掀了，狠狠地跟著他們一起哭！

這樣週末「打仗」的日子過了一年，我投降了！主動跟健鵬說我們搬回去跟奶奶住吧！我這才知有奶奶多好，至此我把我婆婆看作是比自己媽媽還親的人了！

婆婆就近照顧孩子真是讓我輕鬆很多，她每天都會煮飯給我們吃，李平後來唸幼稚園時，有次作業有一題問道：「如果將來上天堂只能帶一個人，你會選擇帶誰？」李平的答案是：奶奶，原因是：因為奶奶煮的飯很好吃！

真的，奶奶對孫子真是像照顧豆腐一樣的呵護，從此以後，我婆婆的生命中就只有李平、李安最重要了！奶奶是全世界最愛李平、李安的人，她真的非常非常非常疼愛這兩個孫子！

平平安安就是福

幸運的是，雙胞胎就像他們的名字一樣平平安安，他們很乖，很好帶，不偏食，也不太生病，他們的特質很早就顯露出來，李平較安靜，但其實有顆搞笑的靈魂，很有女生緣，李安較活潑，能表達，也很敏感。每個人都好喜歡他們！

說起李平、李安取名字的過程，也非常有趣。懷孕第三個月時，超音波照出肚子裡是一對雙胞胎男孩，我開心極了，馬上請我老爸幫忙想名字，就像是廣告公司要brief創意人員一樣，我把條件講清楚了：「爸！你幫寶寶們想名字時要記得，第一要一聽就知道是雙胞胎，第二要一唸就知道誰是哥哥，誰是弟弟！」

做外公的當然樂於接下這個任務，後來我老爸每週都會寄一封信給我，信紙上不囉唆，都是小傢伙的參考名字，而且左邊列出名字，右邊還列出意義，記得有幾對名字是：

李歡天／李喜地——表示歡天喜地

李仰天／李無愧——做人要仰天無愧

李雙果／李對果／李N果——「李」本身就是「果」，你為李家生男，像開花結果……

李平凡／李逸凡——做人要甘於平凡

李耕／李耘——做事要默默耕耘

可以選擇的名字太多了，我一時之間還不知道如何決定。有天晚上，我挺著八個月的超級大肚子，和健鵬一起去看讓李安導演一片成名的《喜宴》，看完電影感動莫名，那陣子媒體上對李安的報導很多，除了盛讚他的才華，也寫了他在家中沉潛多年蓄積能量時，如何做家事、包水餃、帶孩子，又寫到他與科學家太太之間的信任關係……種種都讓我覺得他真的是一個愛家的好男人。

我立刻跟健鵬說：「不如，我們的小孩就叫做李安吧，一個李安，另一個當然叫李平，平平安安就是福嘛！而且李平、李安聽起來就很有氣質！」就這樣，雙胞胎的名字定下來了！

當時我從來沒想過有天我們一家四口全都會成為基督徒，而《聖經》中提到了三百六十五次的「平安」呢！這或許也是冥冥之中的巧合吧！

最後的快樂時光

小孩到兩歲後，我和健鵬還是天天加班，為了要培養親子關係，我總是利用公司派我出國出差的時候，讓健鵬在我出差的最後一天帶著小孩到國外跟我會合，一起度假。在國內時，我們放不下工作，只有在異地，四個人才能安靜的共享天倫。

我還記得一九九九年初，我在紐約參加玩具展，展後他們來玩。有天早晨，健鵬還在睡覺，我牽著六歲的李平、李安去時代廣場，看到百老匯歌舞劇《獅子王》在上映，聽說門票早被訂光了，我腦筋動到去買黃牛票。

我心想如果買到票，兩兄弟一定很開心，對健鵬來說也是一個驚喜啊！果真走到票口，才觀望著，一個黑人就上前詢問要不要《獅子王》的票，我用英文開始問他真有票嗎。他說有，但不可讓警察看到，我跟他殺了一下價，就請他把票給我看一眼，他仍說不行，因怕被警察抓到，我信以為真，因我身上現金不夠，他要我去領錢，我牽著兩個小孩真的就去附近的提款機領。他站在我身後怪怪的，我還是大膽地去做這件事……

領好錢，我叫他把票先給我，他說戶外不方便，我們去隔壁麥當勞。進了麥當勞，他又要我上二樓客席區，到了二樓，他叫我先給他錢，我說要他先給我票，他說難道在這麼多人的地方還敢騙我。我只好把鈔票給了他，錢一到手他就迅雷不及掩耳地丟出一包信封在地板上，轉身立刻衝下一樓朝街道跑了！我這才驚覺事情不對，果然打開信封一看，竟然全是廢紙！

當場我愣住了，我怎麼這麼笨？這樣就被騙了一萬多台幣！我氣得拖著兩個小孩就要衝下去追那個黑人，才跑兩步，李平、李安大叫：「媽媽！我要大便！」

我只好停住自己去追的動作，帶他們去找廁所，進去後一個坐在馬桶上，一個站在我旁邊，兩個小孩張著大眼看著我，我哭喪地說：「媽媽被騙了啦！都是因為要帶你們去看《獅子王》！」後來那次在紐約，他們只要看到黑人就說：「媽媽！騙子在那邊！」

回到旅館，健鵬一直說我是全世界頭號白痴，如果我真跑去追那個黑人，搞不好他掏出槍，我連命都沒有了！這件事李平、李安長大後每每提起，一定要邀功是他們要便便才救了我一命！

雖然嚇壞了，但想來那時都還是我們的快樂時光。在李平、李安六歲以前，我們的親子關係還是正常的，工作雖忙，週末我們都會盡力帶他們出去玩，他們很小就學會了游泳，很有運動細胞，我喜歡陽光男孩，希望他們多運動，能健健康康長大就好！

剛離開美泰兒時，我曾「休耕」兩個月，試著想做個「稱職母親」。興致高昂的我去買了一堆食譜，好媽媽當然要會做好菜，不過我忘記了，有些事情光是「有心」是不夠的，還要有天分，做菜這件事情就是例子，後來李平、李安在六年級母親節的一篇文章上說了實話，李安寫道：

「我媽媽的興趣有很多種，例如：打網球（一次），打籃球（兩次），跟打電動（說說），而最近她在學做菜，可是她煮的菜都是食譜上的，所以並沒有很好吃，我們每次吃完媽媽的菜，媽媽都會把我們當實驗品一樣的問我們：『好不好吃啊？哪裡需要改進啊？』我跟李平品嘗了奶奶七年的高級廚藝，只能對初級廚師的媽媽說：『嗯！不錯不錯！很有天分！』算是給媽媽一些鼓勵。」

李平寫的也很有趣：

「媽媽的興趣常常改變，但很少有成功的經驗，像打電動（跟我和李安一起），彈鋼琴（現在還有在彈，只是很少）……等，最近主要的事就是學煮菜，她開始煮菜差不多是在我們七歲的時候，（那時候她連雞都不敢碰呢！）不過她煮的菜非常的『不可思議』，就讓我告訴你吧！那時，令她著迷而學煮的『關鍵菜』，就是Sogo的菜飯，她認為所有的菜都比不上Sogo的菜飯，每次去都會吃（除非沒錢或懶得去），到最後因為迷到不行，乾脆就學怎麼做，既方便又有成就感！但她天生就很不會做菜，老天也不同情她一下，她一直做一直做（註：英文try to do），不是焦掉就是變成『爛泥巴』，害大家看了就想吐，她不但沒得到成就感還被潑了冷水！（哈哈哈）可憐的媽媽完全沒有成功，最後她還是放棄了……」

七歲孩子的憤怒與恐懼

可惜，從李平、李安六歲時，我開始和健鵬常常吵架了，工作壓力讓我們兩個每天很晚回到家後，都沒有任何心情陪小孩，加上當時我在Mattel很想離開卻又被公司拖著一整年好痛苦，回家後常常一被激怒就抓狂，倒在地上大哭，我知道這讓李平、李安兩個小孩很害怕，造成他們很大的心理創傷，從一些他們寫的作文中可以看出一點端倪，雖然寫得很輕鬆，但其實是很難過的事情。

孩子對我們離婚這件事看法到底如何，李安在他國中二年級時（當時我們夫妻已經再婚復合了）寫了一篇作文叫〈抉擇〉：

「我爸跟我媽在我小二的時候離婚，那段離婚時的日子是很噁心的，媽媽無緣無故就會開始哭，爸爸動不動就罵人，搞得我跟李平每天不得安寧，我跟李平是兄弟，他是兄，我是弟，在爸跟媽離婚時，他們就會問咱們說：『你們誰要跟爸爸住？誰要跟媽媽住啊？』這是什麼奇怪的問題？真是令人難以決定啊！

「卡通跟電影都沒有這種令人百感交集的劇情，那書呢？也沒有！對我小二時的腦袋來說，沒有卡通跟電影上的參考資料，就好比失去雙手的作家，失去舌頭的新聞播報員，只能呆呆坐在我家的沙發上，任爸媽的這個問題吸我的體力、精力跟思路！

「正當我禁不起這個大抉擇而要應聲倒地時，有一段話突然在我腦中浮現：『如果你就這樣撒手人寰，豈不是把回答的權利，拱手讓給李平那個呆子嗎？這可是一生一次的抉擇啊！李平！別以為我不知道你這個人在笑咪咪的面具下其實藏了許多邪惡！』於是面臨垂死掙扎的我，就突然間跳起來，然後跟爸爸媽媽吼道：『我跟李平一到五在爸爸家住，週休二日的時候到老媽家住！』老爸老媽聽完後竟然真的照做了，其實我自己都有那麼一點被自己嚇到了！」

這樣的文章看來真教人心酸，他用幽默的文字寫著心裡的憤怒與恐懼……我後來每每想到離婚前，我居然讓才小二的孩子面臨這些撕裂的痛苦，一陣如刀割的痛楚就會浮現。

在我和健鵬分離的那四年，我非常「處心積慮」地要建構一個良好的親子關係！我會計畫好如何與李平、李安在每個週末，都能有滿滿的行程，讓我們母子三人能有每分每秒都讓他們永生難忘的相處。我是個愧疚的母親，只能加足馬力，帶著補償的心情，好似要把一週的母愛，全都灌注在這短短的兩天裡。

劍拔弩張的母子關係

週末之前我就會把準備工作做好，蒐集好些台北近郊的好吃好玩的報紙雜誌報導，或是兜風旅遊工具書、地圖……等，然後開著車瘋狂的帶著他們去按圖索驥將這些報導上的餐廳、景點……一次玩個夠！還帶他們去學各種戶外運動，如直排輪、曲棍球、打網球，且每次學完後，我還會繼續再開車帶他們到各地玩，一直玩到週日晚上很晚才捨得送他們回健鵬家！

但是感官是會麻痺的。這樣瘋狂遊玩的日子，在離婚後的一兩年還OK，到了第三年起，也許是他們漸漸長大了，開始有自己的想法了，不像小孩般可以讓我安排著去郊外玩了。他們不再黏著我，寧願一整天面對著電腦，著迷於電玩、網路遊戲。

我們母子相處的時間那麼短，我等了五天，多麼希望週六日能多和他們互動，多聽他們聊聊生活裡的瑣事。但孩子們不這麼想，電腦一開機，他們就完全被釘在椅子上了，我在他們身邊走前走後，彷彿就像個隱形人一般。我曾經問遍一切有關如何幫小孩遠離電玩誘惑的資訊，但還是拿他們沒辦法，母子關係日益緊張！

相聚的時光一分一秒的過去，我這個母親遠遠的敗給了電腦。我失望、傷心，直到憤怒，我跟他們的對話就開始劍拔弩張！氣極了，我開始打他們！越打他們越恨我！當時唸小學六年級的他們，已經會用一些很傷我心的話語跟我吵架，讓我挫折極了！後來到了週末前，甚至他們還說根本永遠都不想到我住的地方了，一想到他們將不再跟我親近，這對我來說簡直是世界末日！

這似「冷戰」的親子關係，讓自責到不知該如何是好的我簡直活得了無生趣，甚至憂鬱症本來停掉的藥，又得繼續吃了！

神給每個人的不一樣

我是個成年人，我的痛苦必須自己承擔，可是孩子是無辜的，在父母分離的四年，李平、李安心裡很受傷，演變成他們凡事缺乏信心，沒有安全感，在校成績也很差，甚至討厭跟好學生在一起，總覺得老師只愛好學生！

直到我受洗後與健鵬道歉再加上九個月的努力，當我們決定要結婚時，李平、李安對這件「美事」都還沒有「答應」！他們說很怕爸爸媽媽再結婚後又會離婚，他們害怕事情會重演，也無法原諒我曾經在他們面前大哭大鬧過。

再婚前，我無數次向孩子們誠心道歉，請求他們的原諒，健鵬也在晚上跪在他們床前，將手按在他們額頭上禱告，要他們原諒媽媽，歡迎媽媽回來……

到現在他們已經唸高一，越來越獨立，很少找我講話，我失落感很大，但我還是想把握每一個機會親近他們，不管他們說什麼難聽的話，我總是會很快地原諒他們。有人說青春期孩子對母親的態度不好，是一個過渡期，像麻疹一樣，出過就會好且終身免疫，這樣聽來，我好期待這麻疹快點過去！

在我與健鵬再婚後的這兩年，我還是看到李平、李安有很大的改變。

一來是他們看到我與健鵬再婚後很少吵架、看到受洗後的健鵬常在桌前讀經禱告，也看到受洗後的我的改變，一年後，他們自願受洗成為基督徒，愛與信心慢慢進駐這兩個孩子的心！由幾件事可以看出來：

有次李安參加全國空手道比賽，當時他不過是個綠帶的國二生，在賽前看到對手個個都是比他年長且帶子顏色比他還高的藍帶、黑帶等高手，頓時眼中充滿恐懼，健鵬當場用《聖經》的故事激勵他說：「李安！你知道神與你同在，你就不用怕，就像《舊約聖經》中大衛只用了一個石頭就把巨人打死了，因為爭戰得勝都在耶和華，你管他什麼黑帶、藍帶、塑膠袋！你通通不用怕！來！我幫你禱告！」

我看到健鵬將手按在李安頭上幫他禱告，一禱告完，李安張開眼已是信心滿滿、眼光炯炯有神、全身殺氣騰騰！上場後竟然打敗所有對手，得到全國國中男子組冠軍！後來李安的成績也急起直追，在國中三年級時還當上班長，競選模範生，非常有人緣！

相較之下，李平的耀眼程度好似不比弟弟，有人就會開他的玩笑說他比不上李安。健鵬擔心他，有次問他會不會有這種狀況，他說：「有啊！我早就習慣了！但是沒關係，他們不知道神給每個人的不一樣！」我們大人聽了非常動容！

有次Good TV的「真情部落格」節目，要製作一集專輯談我與健鵬破鏡重圓的故事，李平、李安被安排要受訪，談到他們對我的看法時，他們說：「**媽媽好像不是媽媽！好像是朋友！**」

當我聽到這句話時，我心裡真是五味雜陳！我一方面覺得自己沒有盡好一般媽媽的責任，一方面很感恩他們這樣接納我的不足！

是啊，神給每個人的不一樣！我相信上帝給我這兩個很棒的雙胞胎兒子，是個極大的恩典！我也相信神會為他們預備最好的將來！

李安參加全國空手道比賽，當時他不過是個綠帶的國二生，卻得到全國國中男子組冠軍！

這是今年（2008年）我與李平、李安共度母親節！他們現在唸高一了，是個充滿愛的青少年。

這句話，改變我們全家的命運！

當場一位姊妹聽到這裡，馬上問我：「Olga，我猜想你一定不是一個順服的人。但是順服，丈夫才會感到幸福，當你順服，你的老公就會更有信心！……」

「順服」？我的天！這真是當頭棒喝！我的字典裡從來沒有過「順服」兩個字。

我從來沒有堅定的宗教信仰，既是無神論者，又好像是多神論者，以往在工作上，為了求工作的順利、業績的達成，三不五時同事要去行天宮拜拜，我也跟著去，總是有拜有保佑嘛！

到了美泰兒，業績壓力越來越大，我還找過看風水的大師到辦公室來擺弄一番，這裡放個水晶、那裡藏個水缸，水缸裡要放五個銅錢……風水大師說我的座位不好，我就乖乖地把自己的總經理辦公室空著不坐，搬到外面和同事坐在一起！我想當時同事私底下一定竊笑：「Olga真蠢！那麼沒有信心，只求神拜佛看風水！」後來婚姻出了問題，我又拚命找人算命，算命師拜什麼不重要，迷信的我只要找到心靈的慰藉，誰都好。

但終有一日，算命先生的預言已經沒有辦法安慰我了，我終日惶惶，每夜孤單一個人坐在沙發上掉淚，業績達到了，掌聲得到了，可是我常常陷入重度憂鬱無法呼吸，精神科變成我每個月要報到之處。

我的好朋友Rose看到我的狀況，心很急，又不知道如何幫我，基督徒的她就拉著我在週日上教會，希望靠著宗教、靠著團契的情誼，看看能否拉我一把，至少暫時讓我走出家門，接觸工作之外的朋友。Rose的盛情難卻，我也勉為其難的去了幾次教會做禮拜，但是每次到那裡卻覺得格格不入，大家的喜樂對照著我的憂鬱症，更是情何以堪。

直到有一天，Rose歷經了一場痛苦的婚姻風暴，當時朋友都以為她會發瘋，尤其是我，這些年來總是她在關心我的問題，這一次她遇到難題，我真的擔心她會倒下！沒想到她所表現出的態度讓我震撼！信仰給了她力量，她完全沒有抱怨，甚至沒有恨，她用寬恕去面對一切，甚至還會檢討自己……這在其他同樣遭遇的一些女人身上，是多麼的不同！而這些不可思議的態度，都是來自於她的信仰，當時讓我開始對宗教有了不一樣的思維。

聖誕節快到了，你要不要做個決定？

就在那段時間，有天我照例去看心理醫生拿憂鬱症的藥，醫生知道我的婚姻狀況及生活，他突然跟我說：「吃藥不是絕對的，這只能佔一半，另外一半要靠改變生活方式，例如要多運動、多跟人接觸，最好還有個宗教信仰！」

聽到宗教信仰，我一愣，我說：「我有跟朋友去過幾次教會，但沒有感動耶！」那時我心裡想的是總要讓我看到什麼光圈、什麼影像，總要有個神蹟出現，這才表示有神的召喚啊。

醫生笑了，他說：「吳小姐，聖誕節快到了，你要不要做個決定？」

就是這句話，改變了我的一生！改變了我們全家的命運！

當天從醫院開車回公司的路上，我想著醫生的話，想著我這樣下去真的不是辦法，既然都去教會那麼多次了，又遲遲不受洗，這算什麼呢？那個念頭非常單純：「只要能治好我的憂鬱症……」

就在受洗前的一個月，我被邀請去一個每週五晚上「讀經小組」的聚會，小組成員都是一些比我年紀還大的姊姊們，第一次去聚會，我就掏心挖肺地說出我的問題，我說我離婚了，工作壓力又很大，我很不快樂很不快樂……當場一位姊妹聽到這裡，馬上問我：「Olga，你在婚姻裡一定是一個很強勢的女人對嗎？是不是你的強勢導致你的離婚？……你知不知道《聖經》裡有句話說：妻子對丈夫要順服，丈夫要捨己地愛妻子。我猜想你一定不是一個順服的人。但是順服，丈夫才會感到幸福，當你順服，你的老公就會更有信心！……」

「順服」？我的天！這真是當頭棒喝！我的字典裡從來沒有過「順服」兩個字。

「對！我從來沒有聽我老公的話，都是他聽我的！」我立刻承認了，嘴裡喃喃說著，心裡卻是被擊中要害後的震驚與空白。以前聽別人講任何婚姻幸福之道，我都覺得沒用，但為什麼今天這句：「妻子要對丈夫順服，丈夫才會感到幸福」是這樣的打動我？

我把聚會的過程跟這些話與我的一位閨中好友Emily分享，講著講著，我突然覺得自己過去真的錯了，健鵬還不夠好嗎？他其實夠偉大了，他任我自由地在事業上發展；

說服我婆婆接受我工作的忙碌、必要的出差；他負責任、是孩子們的好爸爸……，天哪！他真的很好耶！

但我過去從來沒有對他順服過？是不是我太驕傲？我不懂得珍惜身邊的所有？我在好友面前潰了心防，竟然毫不保留的講出我私密的罪惡感！

Emily靜靜聆聽著我的話，突然間，她建議我請健鵬來看我的受洗典禮。當時我們正式離了婚，已經好久沒有聯絡，我想他不會來吧，這件事對他還有意義嗎？可是在我心深處，我的確希望健鵬能帶著孩子一同看我受洗啊。

我拿起了電話，按鍵撥出了熟悉的號碼，電話鈴聲嘟嘟的響著，我不知道這竟然成為我們復合的轉捩點！

追回老公的九個月

健鵬說：「你剛離開第一年，我有多痛苦，你知道嗎？我事業這麼糟糕，又要帶兩個小孩，好幾次晚上睡不著覺，半夜兩三點站在陽台，會聽到一個聲音告訴我：健鵬，你跳下去吧！你跳下去吧！你跳下去就可以解脫了！」

當我二〇〇五年一月二日受洗時，失控在台上演出「教會道歉記」，當著兩百多人面前突然跟台下的前夫說：「**請你原諒我，希望你能……再給我一次機會！……**」教會散去，眼淚散去，掌聲散去，「轟動」散去，一切一切好像又回到原點。接下來我該怎麼做？我心裡深處到底在想什麼呢？我們該怎麼「和好」？畢竟已經是簽字離婚的夫妻，敢跟他道歉好像很厲害，但是然後呢然後呢然後呢？情感的修補哪裡是一聲歉意就可以恢復？

好友們開始不斷地跟我說：「Olga！健鵬真是一個好丈夫、好爸爸！你怎麼不考慮回到他身邊呢？」

唉！冰凍三尺的前夫與前妻，比什麼都尷尬，急性子如我也知道急不得，先看看我的改變會不會讓他也改變，而且我猜他應該還在生我的氣吧！

為了表達善意，在那場驚天動地的道歉之後，趁著孩子放寒假，我立刻著手安排了一次全家紐西蘭之旅。很奇怪，我一路上都保持著平和之心，彷彿是一趟贖罪之旅。我隨身帶著一本《聖經》，旅途的空檔我就不斷禱告，健鵬用很挖苦的口吻對我說：「喲！你信教信得滿虔誠的嘛！」

過去的我，若是一聽到這樣的話，一定立刻發飆，狠狠的回嘴：「你不需要用這種口氣對我講話！」就算不爭個輸贏，我也要一路給他擺臭臉，但這次不一樣了，我聽他這樣說話卻一點也不生氣，因為我知道他正在低潮中，我告訴自己：「It's ok！我要體諒他！」就這樣靜靜地回應著健鵬對我的冷漠，我知道他很苦，不應該逼他要開心……

從我與健鵬分居兩年到離婚兩年，再到安排這次紐西蘭全家之旅，總共我們全家已經有長達四年多沒有住在一起了，而這次去紐西蘭是跟團的，我叫旅行團安排我們全家住在一間，我的目的是要再恢復一點「家」的感覺，李平、李安知道爸媽離婚後也很少聯絡，偶爾一起吃飯也是冷漠相向，雖然經過「教會道歉記」，孩子仍然不太明白那表示什麼。他們根本不相信我們有機會和好！所以這次全家四人一起出國甚至住一間房間，兩個小孩就像雷達一樣常常睜著大眼睛觀察我們的表情！

有天看著他們父子三人在紐西蘭的一個公園餵鴿子，這是李平、李安每次出國最愛做的一件事，而健鵬總是很有耐心地去找可以買吐司麵包的地方，買到後就會帶著他們兩個靜靜地蹲在地上餵，此時我看著生命中曾經最親暱的三個男人的背影，眼睛就濕了。我想著健鵬真是一位有耐心的父親，而我卻是這樣一個沒有盡到責任的妻子與母親，我不斷地在心裡懺悔……

我一直深愛著你，但不想被傷害兩次

回來之後又投入忙碌的工作中，但我開始每隔一兩週就打電話關心他，除了孩子的話題，好像也只能寒暄，其他的一步也跨不出去。我們的關係就這樣一直沒什麼進展！

受洗之後每週五我參加一個教會的「讀經小組」，在小組時，每位姊妹都會為我的婚姻向神禱告，她們週週關心我們的「進度」，但我就只能喪氣的回說：「無奈啊！我打過電話給他呀！但他很冷漠……」

姊妹們鼓勵我：繼續跟健鵬打電話，雖然知道將會聽到他一貫的冷漠，但是不要放棄！

印象最深刻的一次，是有個深夜，我打電話給健鵬，想試著跟他說說心裡話，又感到他非常冷漠，我開始有點氣餒了。我忍不住說：

「健鵬！難道你聽不出來我很希望我們全家回到『當初』的樣子嗎？難道你看不到我的善意嗎？難道你感覺不到我的改變嗎？為什麼對這件事這麼冷漠呢？你要一直這樣下去嗎？你到底是怎樣了？你是不是跟快樂過不去？」

健鵬停了幾秒，在電話上回答了一連串這輩子我永遠忘不了的話，他說：「Olga，我一直深愛著你，你明明知道。但是我很害怕，我害怕再被你傷害第二次，你永遠不會知道，當初你搬離開家的第二天，當小孩看到你的梳妝台空空的，才意識到原來媽媽真的走了，他們兩個當時那麼小，才七歲，他們把兩個氣球綁在你的梳妝台，說那是兩炷香的意思，然後他們學大人拜拜一般，就對著那兩個氣球一直拜，一直拜啊！孩子們一邊拜一邊說著：求神保佑媽媽快點回來！你知道當場老媽看到兩個孫子這樣，有多傷心？她都哭了。老媽的眼淚，小孩的眼淚，多麼傷痛！」他吸了一口氣又喃喃的說：「你不會知道，你不會知道……」

我聽了心如刀割，在電話這頭，我滿臉眼淚，好想哭出聲來，但我不敢讓他聽到……

健鵬繼續說：「你剛離開第一年，我有多痛苦，你知道嗎？我事業這麼糟糕，又要帶兩個小孩，好幾次晚上睡不著覺，半夜兩三點站在陽台，會聽到一個聲音告訴我：健鵬，你跳下去吧！你跳下去吧！你跳下去就可以解脫了！但是當我走到李平、李安的房間，看到他們兩個沉睡的樣子，又覺得他們如此可愛如此無辜！我知道我要撐下去，我不能死。我很難過這幾年小孩沒有完整的家，這幾年真的好可惜，是他們最可愛的幾年！我也知道你最近受洗有改變，也猜得出你的心意，可是我很怕，我怕又被你傷害第二次，我真的很害怕！」

我把這段電話裡的對話，在週五教會的「讀經小組」分享，幾個姊妹陪我一起哭個半死，哭完後，她們說：「Olga！你要繼續道歉，繼續求健鵬原諒你！」

我不敢再奢想「我們要重新在一起」，就這樣延宕了幾個月。我也很害怕啊，我害怕再聽到健鵬說起那痛徹心肺的心路歷程，每一句話就像刀子割在心上，每痛一次就提醒我曾經的任性與自私，那讓我感到好自責，好愧疚！

如果他能再給我一次機會，我一定會重新來過，做得更好！

我每天禱告，這件事情只能靠神了！

父子三人在紐西蘭的公園餵鴿子，這是李平、李安每次出國時最愛做的一件事。

那天，我看著生命中曾經最親暱的三個男人的背影，眼睛就濕了。

二九九吃到飽求婚記

他說：「可是我們再結婚，又要炸同一群人一次，他們又要包一次紅包，那些人不是會覺得很幹？」

天啊！他答應了！

他用這方式答應了我的求婚！

二〇〇五年九月，沒什麼大事發生，風和日麗，一個再平常不過的工作日，下班前，我和一位部屬聊聊，因為我發現她近日太過專注於工作，希望要注意工作與家庭的平衡，我用自己的經驗提醒她：「你知道嗎？最近一年來，你幾乎天天加班，搞到半夜三更才回到家，都是你老公在帶小孩，是不是？難道你老公沒有抱怨嗎？——你讓我看到當年的自己、我第一次婚姻時的翻版！你的孩子還小，真的很需要你，我不想你步上我的路。你要想想，家庭是比事業重要的——我想，你已經忽略你老公小孩很久了吧！」

同事微微皺了眉，這位幹練女主管用臉上的表情告訴我「加班並沒有影響什麼」。我突然急了，就用《聖經》箴言的一段話勸她：「《聖經》有篇箴言說道：『不要勞碌求富，休仗自己的聰明，你豈要定睛在虛無的錢財上嗎？因為錢財終將長翅膀，如鷹向天飛去……』」

我繼續像姊姊一般地嘮叨說：「我就是當初太重視工作，天天加班，才會造成夫妻不和，天天吵架，當時老公勸我不要加班，都沒用，你知不知道我現在有多後悔？我後悔為什麼當初不選個簡單一點的工作，可以家庭事業都兼顧，你看我現在這樣，你知不知道一個人真的很孤單？我想要再跟我老公復合都很難！」

這位妹妹一聽，精神來了，眼睛也睜大了，她對我的問題反倒開始表現出「勢必要解決」的強烈使命感，她說：「Olga，你這麼想跟老公再結婚，就去跟他講啊。」我無奈的說：「我講了啊！他不答應啊！」

她加足馬力，緊盯著我的眼睛，對我說了一段非常關鍵的話，她說：「Olga，你聽好，我所認識的Olga一直是行動力很強的人，不管處理任何事情，大大小小輕重緩急，你一向是只要想做就立刻去做，只要去做了，任何事情對你來說都是易如反掌，不是嗎？——在工作上如此，為什麼在感情上你反而退縮了？你在猶豫什麼？不如就去做，立刻做！」

我只愣了半秒，就說：「**好！我今天就約他出來吃晚飯！**」

就這樣，本來是我要幫員工解決家庭與工作平衡的對話，卻變成員工勸我要去跟老公復合的計畫！

我真的非常行動派，話一出口，也沒有思索要怎樣修辭，我馬上打了一通電話給健鵬，直接問他：「今天晚上可不可以一起吃個飯？我有事情想找你談一談。」

幸運的是，電話中健鵬竟然沒有問我是什麼事，如果那時問了，我也許又會遲疑，只要稍一思索，我大概又開不了口了。或許健鵬也沒興趣知道我要幹嘛，我們分手四年，其中兩年分居，兩年離婚狀態，他已是一口不生波的古井了。

該去哪裡吃飯呢？要談復合，我一心想著應該去一個燈光美，氣氛佳的地方，西餐廳、法式餐廳……我開著車，在要去健鵬開的SPA館接他的路上，腦中不斷想著各個餐廳名字，那些柔和的氣氛、昏暗的燈光，或者桌上有一支蠟燭、一朵玫瑰，侍者輕聲細語，多多少少會遮掩一些尷尬，不是嗎？

見到健鵬，我搖下車窗，臉上浮出一朵微笑，心裡有小鹿踴撞，我還來不及說出幾個好餐廳的選擇，健鵬沒有上車的意思，在車窗外，他很直接的說：「你停好車，我們就在隔壁隨便吃吃！」

隔壁？我撇頭一看，那是一家二九九吃到飽的涮涮鍋！這……太沒氣氛了吧！

健鵬說：「好得很，這餐廳可以讓你吃到飽！」

氣氛沒了，燈光沒了，四周有人聲鼎沸，我心中幻想的一切美好復合的場景全沒了。真挫敗。我們才坐下來，健鵬就急著開始去冰櫃拿自助式的菜，白菜、魚餃、貢丸……他一邊忙下鍋一邊開始碎碎唸：「最近煩死了！生意好糟，房子租金一個月三十萬讓我虧死了！再這樣下去我要關店了……」

感覺上話題都是不愉快、氣氛都是低迷的，只有火鍋咕嚕嚕的熱煮著，像我焦急的心情，焦急著找不到一個切口可以把主題帶進來。

其實我很少在人前稱健鵬為「前夫」，叫前夫很絕情，感覺上就像是個永遠不再聯絡的「外人」了。但是健鵬與我的關係是那麼的微妙，健鵬帶著李平、李安這四年，事業很潦倒，而我在肯德基的事業卻扶搖直上，風光不已，對於這個原來是完整的家，四年前，因我選擇離開婚姻而變得破碎，我就算週末都會去帶小孩來我住的地方，但在最辛苦的週間，是健鵬跟他媽媽在帶我們的孩子，在別人的眼光看來，我實在是有夠絕情的了！所以我怎樣也不想稱他為前夫，好像這樣可以讓我稍微不那麼絕情！

健鵬叨叨不絕的繼續講著工作上的困擾，我看手錶，都已經快九點了，我還是找不到時機切入正題。我心裡很急，我想，今晚若不講出來，下次不知何時還有心情跟勇氣！

就在健鵬朝火鍋裡不停地翻找魚餃時，我忍不住開口了，我說：「欸！健鵬！你怎麼不問問我今天找你出來吃飯要幹嘛？」

魚餃終於撈到了，他終於抬頭看著我，他說：「幹嘛？」

我鼓起全世界所有的勇氣，說：「我們結婚好不好？」

我看著他，他臉上表情像世界地圖那樣錯綜複雜，他眉頭一皺說：「喔！又來了！老在吃飯時講這種恐怖的事！」

他放下筷子，二話不說站起來，離開桌子，又去拿了一盤茼蒿菜。

健鵬後來回憶這件事情時說：「當Olga問我要不要再結婚時，我轉身去拿了一盤茼蒿菜，因為之前幾次被她約出去談分居、談離婚，每次都是在餐廳，每次我都沮喪得沒有吃完桌上的菜，我告訴自己：這一次，我再也不要餓肚子了！」

茼蒿菜拿回來，他坐下一句話也沒有，只是繼續忙著吃火鍋，好像我剛才什麼話也沒有講過。

我問他：「欸！怎樣啦？」

他說（眼睛看著鍋內的茼蒿）：「幹嘛啦！」

我講話挑重點：「結婚啊！」

他說（筷子翻攪著鍋內的茼蒿）：「不要啦！」

我說：「為什麼不要？」

他說（茼蒿熟了，夾進碗內）：「我覺得現在這樣很好啊！小孩子也習慣了嘛！」

我說：「我們這樣真的很好嗎？」

他點頭說：「對啊！小孩週末去你那裡，週一到週五跟我住，我送他們上學，都習慣了！」

我說：「健鵬，你覺得這樣很好，我覺得這樣一點也不好！」

看他不為所動，我開始急了，覺得這個人怎麼這樣！

「健鵬，人生苦短，小孩長大很快，再過五六年他們就要離開我們了，你沒有女朋友，我也沒有男朋友，我們這樣下去也不是辦法，老了很可憐耶！而且，我覺得有一天我若突然得了癌症，這世界上大概也只有你會願意照顧我！」

健鵬一面聽，還在下他的茼蒿菜，我終於不耐煩了：「我們如果再結婚，李平、李安一定會很高興，老媽也一定很高興！」我開始搬出老人小孩，動之以情。

他仍在聽，沒有反應，我的不耐煩在升高中，這輩子沒這麼氣過茼蒿菜！

我說：「欸！你到底要不要啦！」

他說：「要怎樣啦！」

我快火了！我說：「我告訴你喔！我好不容易有勇氣跟你講這件事，你如果今天不答應我，我這輩子再也不會跟你求婚了！」

健鵬說：「那……那……可是……」

我說：「又怎樣了啦！」

他說：「可是我們再結婚，又要炸同一群人一次，他們又要包一次紅包，那些人不是會覺得很幹？」

天啊！他答應了！他用這方式答應了我的求婚！

我即將嫁給同一個男人兩次！

事後，健鵬回憶起當時答應我的關鍵，是因為我說了一句給他很大壓力的話，因為我對他說：「健鵬！我今天是鼓起很大的勇氣喔！你今天要是不答應，我這輩子再也不會跟你求婚了！」他覺得我是很認真的樣子，還有，他想以我當時的狀況跟他求婚，真是很難得的了！且健鵬說：「以我自己的個性，根本不可能跟Olga求婚，喝醉了都不會，把我打昏了也不會！永遠都不會！所以我心裡想，如果不把握這個機會，以後就不可能了！」

我壓抑著興奮（還好這是一家夠吵的吃到飽火鍋店）說：「唉喲！都老夫老妻了，我們就去公證就好了，也不必請客了！」

就這樣，健鵬答應了我的求婚！就這樣，我即將嫁給同一個男人兩次！

我求完婚，他買了涮涮鍋的單，我們並肩走到門外告別，到此時，整晚我們連手都沒有牽一下，更別談什麼浪漫的擁抱！

道別時，我像日劇裡的女主角，在街頭上很高興對他說：「哎！我們要結婚了耶！」他淡淡一笑，一臉拿我沒輒的樣子！我們用淡淡的感覺做出了一個深深的決定！

奇怪的是，這不浪漫的道別，沒有讓我感到不安，我想，我是漸漸學會體諒健鵬了，我知道他在低潮，我不該對他的冷淡感到生氣！最重要的是他原諒了我，願意讓我回家！

「真的，他原諒了我，願意讓我回家！」「真的，他原諒了我，願意讓我回家！」「真的，他原諒了我，願意讓我回家！」我在心中一遍又一遍的覆誦著，台北的夜、熱鬧的街，幸福的感覺讓我濕潤了眼眶。

你到底要我改變什麼？

這該怎麼辦呢？我徹夜難眠，難道我又做了衝動的決定？如果這是另外一次感情的火坑，難道事情又要重演一次，我還能離婚一次？……我好害怕！

與健鵬在那家吃到飽的麻辣鍋餐廳求婚成功後，我迫不及待地在隔週就發出一封「非常坦率」的email給所有同事及好友，我是這樣寫的：

親愛的好友們：

經過四年多的分離，我發現我與健鵬還是最配的一對，我們也因為希望李平、李安有一個完整的家，而於上週三終於決定「我們要再結婚」，本來只想去法院公證就好了，不必再請客（以免被請的人還要包紅包，我們覺得很不好意思）。

但許多教友告訴我，這整個故事是個很棒的「見證」，且應該可以讓所有參與的人都一起來修這個「戀愛學分」，於是我們決定要借一個教會，夠大的場地，來到神的面前，辦一個很不一樣的婚禮！只是這次婚禮與第一次比起來，多了兩個人（李平、李安）！

時間已訂在十一月十二日下午三點於台北市懷恩堂，有神的見證，我相信會非常的慎重及感動！一個很棒的wedding planner會幫我設計整個wedding。當天下午四點後會有精緻茶點（當然還有KFC蛋塔、炸雞……等好料），及一個很別緻的小party（有人要上台唱歌或講話都沒問題），約到五點為止。

各位都是見證我過去這四年來心路歷程的重要人物，衷心希望各位能先把寶貴的時間留下！（喜帖要過一個月才會好。）

到時我們一定要一起拍照喔！

Olga

這封email一發出，我馬上就收到一拖拉庫的祝福mail：

有來自朋友及老闆的：

1. 這回王子與公主將幸福快樂的過一輩子！Congratulations to you!——Carol

2. You bet! Really happy for you. I was right about you two shouldn't have divorced in the first place……but who knows, maybe this time is all different again. Without walking away, you wouldn't appreciate the value of sticking together. Hope to see you two together at church sometime ;-) ——Rose

3. Olga, This is GREAT news!! I am very happy for you. I guess in the future when you go to conferences, you can stop looking for「豔遇」. I will be there and I am pretty sure Carol will, too. Congratulations! Let me know if you need any help from me for your wedding——Sam

有來自肯德基同事的：

1. Dear Olga，知道嗎？一開始我沒看懂，直到我看到李安和李平……我覺得這是我今年聽到最美的決定，因為這個決定的背後一定有許多的努力和思考，其中的心路歷程應是人生中最珍貴的學習。這份祝福不會是第一個捎來的祝福，但這絕對是最深、最開心的祝福。我相信充滿感恩的新娘一定是最美麗的！Best Wishes! ——Echo

2. Dear Olga，實在難以形容我有多高興聽到這個消息！而且不只是我喔，我們全家人都好高興！我哥哥和嫂嫂都是虔誠的教友，我在知道的第一時間就把mail轉給人在德國的他，我哥和我嫂知道後都好感動。而且，你知道嗎？Olga，上禮拜我回苗栗家，我爸媽剛好有問起你和老公的戀愛學分「進度」如何了，（因為上次我有把你的受洗見證感言，帶回家給我爸媽看，他們都十分感動……）沒想到，這禮拜就馬上聽到這麼好的消息，昨天晚上我跟我媽講電話講了好久，我爸媽都覺得這是個「奇異恩典」！仔細想想，要何等的幸運，才能在一生中有這樣難得的際遇與機緣。兩個對的人，找到了彼此，然後上帝給了他們四年多的試驗，讓他們更堅信彼此的緣分，最後又在上帝的見證下，再次擁有彼此、分享彼此的愛，Olga，這是上帝的恩寵、上帝的賜福。這不就是Amazing Grace嗎？請接受我們全家人的祝福，你結婚那天，我也一定會到場，不是因為我們是同事，而是因為我衷心的喜悅，並感謝你讓我有機會能見證到這難得的感動！新婚快樂，李太太——Jeremy

有來自台大EMBA的93B班同學的：

1. Dear Olga，我們認識你的這一年多來，你常常有「驚人之舉」！驚人之舉的背後往往是歡笑與淚水交織，活了三十幾年，在台大的這年最精采！！優秀的93B班！我們真的該為Olga的真性情喝采！！想擁抱你的Molly

2. Olga，看到這個消息，真是為你感到高興，眼淚都快掉下來了。你是我見到對生命

最熱情的人之一，也是我學習的榜樣。祝福你。——Adrian

3. Dear Olga，你的這個轉折可以說是93B班同學中，截至目前以來，最為戲劇性也最為令人振奮的一個！除了衷心地為你高興，更佩服你的坦白與勇氣！你的親身經歷，好像給我們上了一堂課，提醒我們要珍惜所有，也要勇敢地愛其所愛！恭喜你，也祝福你！去參加你們一家四口的大婚禮，這是一定要的啦！！Regards——Steven Chang

4. Dear Olga：分離後再結婚需要更大的勇氣與智慧，婚姻是無限接納與寬容的過程，十一月十二日開始你與健鵬兄又要出考題請對方作答。每一個人答案都不會一樣，如果1＋1＝1會比較辛苦，1＋1＞2比較容易快樂美滿，以你的聰明智慧答案一定很精采。恭喜您們一家百年好合、平安喜樂！——葉主祕

看看這些祝福，幸福感真的快要滿溢出來了。我充滿信心，知道這是受大家祝福的事，也知道我即將可以「將功折罪」！

但是，那一個曾經被我「得罪」的人，好像一點也不開心！他一點也不因為我們即將團圓而有所改變。

從我求婚那天開始，健鵬跟以前一樣，從不打電話給我，有關要辦婚禮的細節，

都是我在張羅，我想我打給他也沒有什麼關係，男生本來就對這種婚禮的事情沒興趣吧！同時我也體諒他應該還是在事業低潮中，既然是我道歉，我求婚，我當然要多多努力才對！

但是，他實在太冷漠了，冷漠到在電話中我從來聽不到他一絲的快樂！

有天晚上，非常關心我的好友Rose，人在北京出差，還不忘打電話給我問我結婚的事，一開始我還開開心心的敘述著籌備的過程，說著說著，我突然在好友前卸下心防，很不安地說：「Rose，好奇怪喔！健鵬一點也不興奮，弄得我也不知道要高興什麼了！……我開始害怕這樣的感覺！」

Rose一聽，就大聲地罵了我一頓：「Olga，你這樣不行！你應該要仔細想想，你告訴我，你到底為什麼要嫁給他？」

我說：「因為我要我們全家重新在一起啊！這有什麼不對呢？」

Rose說：「你要想清楚喔！你不是第一次嫁給他喔，你不是不認識這個男人喔，你知道他所有的優點跟缺點，你到底要的是什麼？

「你不是學校剛畢業的小女生要找個飯票，你是個經濟獨立的女人，你應該要找的是可以給你幸福的終身伴侶！這是很重要的一刻，你有沒有想過你適合的對象是怎樣的？你應該要列出你想要結婚的對象要符合的條件有什麼，列出後看看健鵬符不符合。」

我說：「啊！不行啊！我的條件很多啊！我希望我另一半是常常開開心心的、工作積極的、有幽默感的、懂得生活情趣的、每天都穿著打扮乾淨好看的、陽光型的……從小我就希望是這樣的，但是現在的健鵬還是很憂鬱、很落寞，還是每天都失眠、還是很不快樂、每天穿得很難看，我的條件他真的沒有一項符合，只有一樣，那就是他是我孩子的爸爸！」

Rose說：「對呀，就是要這樣把條件列下來，但是你不能將『他是我孩子的爸爸』作為條件，你應該說『他可以跟我孩子有很好的關係』。」

我說：「Rose，我偷偷告訴你，我可以欣賞別的男的，但是，我就是不能想像我嫁給一個不是健鵬的男人，李平、李安在這個『媽媽的男友』面前將會有多奇怪的感覺？我愛我的孩子，我不要我的孩子對我的另一半有距離！——我看我就只能嫁給健鵬了！而且我都跟他求婚了，婚禮也都定好日子了，大家都知道了，難道要後悔嗎？」

Rose說：「如果他大部分都不符合你要的條件，你要徹底想想他到底適不適合你。我相信你信主後改變了許多，可以成為一個比以前好的太太，但是如果健鵬不改變，都是你在妥協，那麼你們第二次的婚姻也不會幸福！……」Rose停了一下，語重心長的告訴我：「Olga！**如果你不確定他像你一樣這麼想為這次婚姻付出、為這次婚姻改變自己，我覺得——你們的婚禮情願延後！**」

Rose叫我要盡快找健鵬出來談清楚，還說我若不敢跟他說，等週末她從北京出差回來，她親自去找他談談！

掛上電話後，真讓我想跳樓！

Rose的一席話，釐清了我這陣子的困惑、幫我整理出一個混亂中的頭緒，但是也讓我陷入真實面對自己後的焦慮中。這該怎麼辦呢？我徹夜難眠，難道我又做了衝動的決定？如果這是另外一次感情的火坑，難道事情又要重演一次，我還能離婚一次？……我好害怕！

我完全等不及了！床上的我輾轉反側，恨不得半夜叫他出來「算帳」！

第二天一早不到六點，我就打電話把健鵬吵醒，告訴他我會去接小孩出來上學，然後要找他一起出來吃早餐好好「談談」！

他又是那句老話：「談什麼啦！」

我說：「昨晚我和Rose通電話，發現我們的問題很嚴重，一定要馬上解決，否則她也會找你談。」

他快被我煩死了，連我的朋友都要找他算帳！

我要的是一個適合我的終生伴侶啊！

我們送完小孩，我開著車載他去吃早餐的地方，還沒開到餐廳，我已等不及地把車停在路邊，滿腔情緒已經上來：「健鵬！你知不知道我們要結婚了，這是很重要的事，但是你一點也不興奮的樣子！」

「要怎樣啊？我公司的事都快煩死了，結婚的事，你去弄就好了啊！」他說。

「你看你，還是這樣不快樂！你若是跟以前一樣沒有改變，我們不是又會回到第一次婚姻的樣子天天吵架？我不是剛畢業的小女生第一次結婚，要找個飯票！我不是沒有錢養活自己！你想想：我要和你再次結婚，到底圖的是什麼？……」我氣急敗壞地繼續說：「**我要的是一個適合我的終生伴侶啊！Rose叫我列出我的對象該有的條件，我竟然發現你一樣也不符合！你告訴我，我為什麼要嫁給你！**」

健鵬沉默了，突然他輕輕地問：「好嘛，你到底要我改變什麼？」

我說：「我要你像以前一樣，那麼有信心，那麼有幽默感，天天穿得帥帥的，我要我未來的對象是積極的、努力的、陽光的，我希望他最好是個基督徒，但你全都不符合！我到底在幹什麼？」我開始哭泣。

「我不是都跟你去過教會了嗎？」他輕聲細語。

我哭著說：「那還不夠！我真的不知道該怎麼辦啊！……我好害怕，我怕我們這次結婚又會離婚，我怕你不改變！……Rose說如果我不確定你像我一樣這麼想為這次婚姻付出，為婚姻改變自己，我們第二次婚姻一定不會成功，我們的婚禮情願延後！絕不可以因為我一頭熱就這樣結婚！」

健鵬臉上充滿了很無辜的表情，我也不知道接下來他會不會改變，就在那瞬間，我福至心靈說：「喔！你把頭低下，我幫你禱告吧！」

那是生平第一次我想到要幫他禱告，我將手按在他身上：「親愛的主啊！祢看到我們要結婚了！祢要幫助我們，我不知道要如何改變健鵬，請祢改變他，讓他重新成為一個有精神的人，讓他恢復以往的自信，這樣我們的婚姻才有救！」我的禱告一向很直接、很白話！

那天進了辦公室，我把朋友們對我發出的祝福mail剪輯好，轉傳給健鵬，並在email上說：「健鵬，我們的朋友對我們的祝福是這樣開心，但為什麼你一點也不開心不積極呢？你若是不能改變，我們還是把婚期延後吧！」

過了幾天，教會的李牧師要為我們上婚姻輔導課，我很怕健鵬排斥，事先就故作輕鬆的跟他說：「健鵬，第一堂課李牧師要單獨跟你談，你放心，他不會跟你傳教的。不過宗教究竟能不能幫助人？你想想我和Rose受洗後的種種改變，我告訴你喔！基督徒的生活是很有平安的，因為當我們遇到低潮時，我們會說這是神給我們的祝福，祂一定另有安排，當我們遇到成功時，我們會說這是神的恩典，而不會驕傲……這樣的人生是不是很平安？」

這些話我並不知道他有沒有聽進去，但我想對他傳教應該是很難的！

第二天早晨上班前，我開車去接健鵬到李牧師家，在路上我又說：「健鵬，李牧師人很好，李師母現在已經癌症三年了，他們都還是很堅強，你會喜歡他們的，說不定你今天就會受洗喔！」就這樣邊聊邊開車，我好像送小孩去上學一樣溫柔地說話！我希望他有聽進去，到了牧師家門口，在一個人來人往的紅綠燈十字路口我放他下車，他下車前，我又把他拉住說：「來！讓我為你禱告！」

健鵬閃了一下，嘴裡嚷著：「不要啦！很多人經過會看到，很丟臉耶！」

我的心很著急，好像我再不向神求救，我們的婚姻就要完蛋了！我說我不管丟不丟臉，於是就在車裡，我再次將手按在健鵬後腦勺上開始大聲禱告：「親愛的主啊！我現在把健鵬帶到李牧師家門口了！求祢讓李牧師等一下對健鵬說的話都可以讓他感動，讓他想要改變，他真的需要改變，只有他改變我們才會有未來！主啊！我都把他帶到祢家門口了，祢就拉他一把，把他帶到祢的國度裡吧！」

講完我就去上班了，三小時後我在公司一直沒接到健鵬的電話，覺得非常焦慮，我很害怕健鵬跟牧師會一言不和，不是健鵬留給牧師一個很壞的印象，就是健鵬從此討厭基督徒……這種等待與焦慮很磨人，我受不了等待，就直接打去給健鵬說：「講完沒啊？」

電話中的健鵬語氣彷彿很害羞，他說：「快了……嗯，但是牧師要先跟你講一下話！」

我接過電話，牧師以他一向很慈愛的口吻對我說：「Olga，健鵬真是一個很純真的人。我很喜歡這位弟兄！」

我鬆了一口氣，但也聽到一個破綻——牧師幹嘛叫他弟兄？在教會受洗過的人才叫弟兄或姊妹啊！

牧師接著說：「健鵬是一個很柔軟的人，剛才他在這裡我跟他傳福音，因為聖靈感動了他，當下他就在我們家受洗了！」

我頓時在電話中驚聲尖叫出來：「啊！真的？怎麼可能？我真是太高興了！我剛剛還跟他講說搞不好你待會兒就會受洗！」

健鵬真的是第一次聽到福音就在李牧師家裡三小時內就受洗了！這是神蹟嗎？

後來健鵬回憶起這段「路邊按頭禱告記」時，他說：「我與Olga要再次結婚時，Olga說因她是基督徒，所以有婚姻輔導課，還說牧師要跟我單獨談一談，我想談就談，有什麼了不起？那天Olga來接我，在牧師家門口Olga幫我禱告，把我的頭按住，我看路上人來人往，我真是覺得丟臉死了！禱告時Olga說什麼我也不記得，但她居然說待會我可能會受洗，我回她一句：『哼！受洗？搞不好待會牧師跟我談完後，牧師都不當牧師了！』

「那天與牧師談了三個小時，第一小時我跟他介紹我是誰，第二小時他跟我說婚姻是什麼，最後他跟我說什麼是福音，那也是我第一次聽到福音。然後他問我要不要接受主，當我生命的主，當時我回想我這幾年生命的悲慘狀況，想到Olga及幾位要好的基督徒朋友，為什麼他們生命會有如此大的改變？想想自己怎會變成這步田地，我都快不是我自己了……此時突然聽到牧師又張大眼睛再問我：『**你接受嗎？**』當時就一個非常清楚的聲音在我心中：『**我要！**』於是我當場接受，並當場受洗，接受基督成為我生命的救主。」

健鵬做任何事都要前思後想，受洗這件事卻展現了他從未有的行動力！

在那之後，健鵬非常虔誠，他甚至變成「讀經狂熱者」，每天都認真研讀《聖經》，非常用功。每當我們出去講見證時，他總愛把我壓著他頭禱告的事情，以及他那句「牧師搞不好都不當牧師了」的鐵齒嘴臉表演給人家看，真的極度有戲劇效果，我也很以他這一點為傲！因為我從他的見證看到一個柔軟的心，單純的相信！我想這是非常可貴的！

從肯德基的高峰跌落

那一次大罵之後，我可以感受到大家開始對我產生信心危機，我的坦白承認錯誤，反而讓我自己也陷入領導上的困難，我的部屬開始動不動就挑戰我的決定，問我：「Olga！你確定嗎？」「Olga！Sam說你深思熟慮不夠喔！你要不要再想一下？」

二〇〇五年，是美好的一年。

我和健鵬破鏡重圓再度結婚，原來碎裂的人生又像拼圖般的找回了完整。在工作上，台灣肯德基的業績及利潤都衝到過去幾年的最高峰，大家信心滿滿，對我們未來能贏得第一品牌的地位也燃起了希望！我鬥志昂揚。

二〇〇六年一月，我們開了一場非常轟動的「問鼎計畫記者會」，主題是「台灣肯德基計畫快速展店，問鼎台灣第一！」事實上，年前Sam就慷慨的從中國肯德基上海總部調派了許多精英幹部，來台灣加入我們，目的是要快速展店，目標是二〇一〇年以前開到至少兩百五十家餐廳，打敗麥當勞！這樣的高調宣示動作，及這些特別的中國借將行動，當時引起許多新聞報導！公司內部團隊士氣也到達前所未有的高峰！

AOP的魔咒

然而才剛宣布完一個月，我們就踢到了鐵板，該月的農曆年廣告活動，因為一個錯誤的定價策略及一個錯誤的新產品上市而徹底失敗！

第一個失敗是我們每年農曆年都會做的促銷活動。這一年我們設定的活動是「買套餐加九十九元送哆啦A夢玩具」，這款玩具因為設計了太多的功能，在上市前才發現一個成本高達八十多元。在過去的經驗，我非常清楚贈品的定價在九十九元時，消費者的購買意願最高，超過九十九元，購買意願馬上大幅下滑！因此，儘管活動前的財務試算下來，利潤不夠好，財務長建議我調價，但是我認為肯德基賣玩具的目的不是想賺玩具的錢，是要讓消費者為了玩具吸引人，而上門買我們的套餐！

我的財務長卻仍然鍥而不捨地說：「Olga！你確定嗎？你為什麼不訂一百四十九元，這樣利潤比較好，廣告如果加持，消費者搞不好還是會買，但如果你訂九十九元，你會達不到AOP喔！」

我一聽到AOP就愣住了！AOP就是Annual Operating Profit的縮寫，意思是「年度營利目標」，是所有專業經理人頭痛、失眠、焦慮、抓狂、去精神科掛號的來源。

我被嚇到了。我想一月是一年的開始，又有農曆年旺季的重大壓力，難道我要第一個月就達不到目標嗎？頓時我竟然喪失了智慧與勇氣，考慮後我決定聽從財務長的建議，將定價改成一百四十九元。

結果一上市就賣得很差，我們製作的一百萬個玩具原本希望在農曆年前賣完，結果廣告打完，只賣了不到五十萬個，後來降價到九十九元，甚至不用點套餐都可以單賣，卻還用了將近一年才慢慢賣完！

與此同時，農曆年又推出了一個主打的新產品「薑汁金薯蛋塔」。

在內部試吃的時候，憑直覺我就覺得不對，番薯幹嘛叫金薯？消費者聽不懂；再則把薑汁放在蛋塔裡，一聽就很怪，雖然很好吃，但感覺就很怪，而且很多人不吃薑不是嗎？

但當我提出疑問，當場讓行銷部及新產品開發的團隊非常挫折，他們就說要做個測試看看有多少人不吃薑，結果出來發現只有百分之七的人不吃薑，前一年肯德基的蛋塔賣出三千兩百萬顆，大家變得比較自滿，加上看到測試報告結果還好嘛！我再次判斷失準，同意讓產品上市。

結果「薑汁金薯蛋塔」上市後徹底失敗。我們再做測試問消費者為什麼不買，消費者說：「就是覺得薑汁金薯蛋塔聽起來就不好吃！」再回頭去檢查上市前的測試怎麼做的，我才發現問卷設計有問題，我們只問消費者：「吃不吃薑？」而不是問：「你覺得把薑汁放入蛋塔喜不喜歡？」

我非常震驚自己當初竟然會失掉注意這個細節！導致錯誤解讀這產品可以上市，不只業績沒有做到，薑汁金薯原物料的庫存讓公司又賠了好幾百萬顆的成本！

這兩個錯誤的決定，讓二〇〇六年一開年肯德基就元氣大傷！每三個月Sam都會從上海來台灣聽取業績報告，這次Sam來台，發現這些錯誤，非常生氣地問：「你們為什麼明明知道要把玩具定價九十九元，還訂成一百四十九元？」

大家啞口無言，不敢說真話，此時我鼓起勇氣承認說：「因為財務部說不訂一百四十九元會達不到AOP！」他一聽，氣極了！當著所有部屬的面，Sam在會議桌上用力拍桌子，幾近咆哮對著我大罵：「什麼AOP？你忘了我叫你們來這裡幹什麼嗎？你們存在的目的是要打造一個品牌，不是要做什麼AOP！你們就只想著做不到AOP就拿不到年終bonus嗎？你們不知道打造品牌是要回到消費者要的是什麼嗎？你們沒有去想消費者，卻只想到AOP，結果消費者不來，你業績做不到，還是達不到AOP！」

Sam一語道破我的迷思！我感到羞愧極了！

罵完後，在我的辦公室，Sam把房門關起來單獨對我教訓了一頓！他說了幾句我此生職場生涯中，聽過最嚴重的責備，他說：「Olga！You failed. You failed this job. You absolutely failed!」（你失敗了！你在這工作上完全失敗！你徹底失敗！）

我聽到這幾句話時，臉上表情僵硬，不知如何回答，只是全身發抖，幾乎不能動彈！我緊張地把雙手壓在自己的大腿下面，我終於體會到什麼叫「手足無措」！

Sam是我的偶像，也是所有肯德基人的偶像，他把中國肯德基打造成第一品牌，遠遠勝過麥當勞，他是個台灣人，當然希望台灣肯德基也能打敗麥當勞，他一手把我扶持到這個位置，當然對我抱著高度期望，當他對我極度失望時所說出的這些話，我感到非常難過與羞愧！但我實在太崇拜他了，以致完全不敢辯駁任何話，只是立刻承認錯誤！

當下我對Sam承認我錯了，我不該喪失勇氣去堅持一些對的事情，不該一聽別人的話，就動搖我的想法！

信心快速崩盤

但是那一次大罵之後，我可以感受到大家開始對我產生信心危機，我的坦白承認錯誤，反而讓我自己也陷入領導上的困難，我的部屬開始動不動就挑戰我的決定，問我：「Olga！你確定嗎？」「Olga！Sam說你深思熟慮不夠喔！你要不要再想一下？」

我不想再犯錯，不敢再大膽為自己的信念力爭！

我開始變成一個瞻前顧後、患得患失、舉棋不定的總經理，我漸漸失去信心！連想換掉廣告公司，都變得拖拖拉拉下不了決定。

其實那個廣告公司原來的創意團隊走光了，若是過去的我，會毫不留情地馬上換到別家廣告公司，但當時的我，卻因廣告公司的總經理一再央求給她時間找人，而動了同情心，等待她找人拖了快一年，廣告腳本支支都是非常資淺的人來提案，每次看到毫無創意的腳本，我都不知道該怎麼辦，只好叫自己行銷部的人下來想腳本，當然拍出來的廣告都很沒有創意，但每次上片前還要為大家打氣說：「這次一定會紅，大家要有信心！」其實我心裡真是急死了！

後來美國總公司又推出一套新產品及廣告開發流程，整個流程充滿了消費者測試的重重關卡，要求每一支廣告或新產品開發，都要透過這一連串的消費者測試過關，才可以上市，期望能支支擊出安打，當時因為犯過幾次錯誤，Sam再也不祈求我們有機會做到像過去那些驚人的成功廣告，那些過去在消費者眼中極度有創意的廣告，的確是全壘打，但是可遇不可求，如今只求安打就夠了，不需要全壘打！

我雖不是一個會想腳本的創意天才，但我有很好的行銷直覺可以做很精準的行銷策略判斷，我知道如何辨識什麼才是好腳本，我也擅長機動性地反映市場，調整行銷策略，我有很強的執行力，懂得利用資源把事情很快做好。

但在二〇〇六年，這樣的消費者測試流程將我這些優勢全都消滅！每次看到測試報告結論，總跟自己的直覺是相反的，我開始對自己本來最自豪的行銷判斷力也失去信心，前一年那些叫好又叫座的廣告，再也沒有出現了！

直到九月，我終於受不了這個折磨，把廣告公司換掉了，但品牌早已元氣大傷！

而我更恐慌的是，我老闆Sam對我的「trust bond」（信心繩子），已經斷掉了！每次他來台聽簡報，對我的耐心越來越少，常常生氣當眾大罵我，罵完回去上海之後，我也從不敢再打電話給他！我好像被他罵傻了！

以前我所有的決定對他都是一種不同的啟發，他會津津有味地聽我說完，再挑戰我幾個關鍵問題，我會大膽地回答我的想法，然後我就可以跟著他一同下出最好的決定，但現在我連打電話給他的勇氣都沒有，我也沒有其他的人可以給我指示！

我感到徬徨無力，天天還要面對部屬對我信心危機的威脅！我第一次感到想要放棄這個位子，心魔已經在心中扎根，我天天自我控告：「是我害了肯德基！但『問鼎計畫』一定要完成，如果有更適合的人來坐我的位子，會讓肯德基更好，我情願被降級去做原來的行銷主管都可以，我喜歡肯德基，只要為公司好，我怎樣都沒有關係……」

事情已經到了強弩之末，十一月十六日肯德基在海南島舉辦大中國區餐廳經理年會，我出差前去，當天晚上我被Sam叫到他房間去，他當面fire了我！

我永遠難忘那個過程！我怎麼會有這一天？

我竟然立刻接受了這個決定！

在海南島博鰲的Sofitel Hotel飯店，我進到Sam的房間去找他，出差的第一天，他就告知我有些事情要找我「談一談」！我心中非常忐忑，Sam是要跟我說台灣明年的目標嗎？可是我們今年業績這麼爛，公司還要繼續積極投資的問鼎計畫嗎？我希望Sam告訴我他的想法，我會很聽話，我會努力去做好！

進去Sam的套房前，我在門口做了一個短短的禱告，我求神讓我開「智慧的耳」，一定要聽懂Sam等會兒要給我的教訓，我也求神給Sam一個「溫良」的舌頭，不要再罵我了……

進到房門，坐下來，Sam第一句話是問我：「你最近心情怎麼樣？」他聽起來似乎不太高興！

我戒慎恐懼地回答：「最近已經平靜許多了，本來上半年很沒信心，但我相信，只要把planning做好，execution做好，就好啦！」我努力想要Sam覺得我有信心，我不懦弱！

接著他開始問我到公司幾年了，做總經理幾年了……很奇怪，我這時憑直覺已經猜出他要說什麼了！果然，他接下來說：「Olga！你知道，這真的是一個很tough的決定，可能是我們做得最tough的決定之一！我們看到你最近在這位子上，表現出很多錯誤的decision跟judgement，你在這樣複雜的產業做個總經理，是太困難了！以你的能力，絕對可以當一個總經理，但是比較適合在一個小型的公司，像美泰兒那樣的公司，你絕對可以做得很好，像肯德基這樣一個複雜龐大的體系，你真的不適合，你知道我要跟你講什麼了嗎？」

我說：「公司要我離開！」

Sam說：「對！我們想過，公司也沒有其他的位置適合你！」

我深深吸了一口氣：「Sam！如果公司覺得，有比我更好的decision maker（我指的是leader）來經營台灣市場，我trust公司的決定！換掉我，只要對公司好，我們應該要對得起投資人啊！」

Sam說：「也不是我們多有把握有更好的decision maker，台灣真的很難做，我也想過如果我來做台灣，我會怎樣做？真的很難！但是你實在不適合坐這個位子，這幾年來，我看到你有時進步，但過一段時間，總又落到原來的一些問題去，改不了，我最近也不太想管你，因為怕我沒耐心會罵你，你又嫌煩！」

沒有任何辯解，沒有任何怨言，我竟然立刻接受了這個決定！我心中想著：「我有那麼爛嗎？我前幾年表現的不是很好嗎？今年才一年不到，公司就這樣認為我很爛了嗎？……」

我沒有說出我的想法，只是忍住悲傷告訴自己：「Sam是對的，他總是對的！他那麼英明，他一定是對的！我是不適合這個位置！我該下台！」

我告訴Sam，其實今年七月，我們全家去日本度假時，我就和健鵬討論過工作的問題。

七月中在日本澀谷最熱鬧的十字路口，有一間Starbucks的二樓，我與健鵬坐著面向窗外，看著十字路口成千上萬的人來來往往，我突然間流下淚來，告訴他這幾個月工作的狀況，公司要我大步邁開的問鼎計畫、我所做的錯誤決定，還有廣告公司因為人員流動造成創意下滑、我明知問題、卻一直優柔寡斷無法下決定……

健鵬聽到後，當場罵我說，怎把公司的前途交在一個根本不行的廣告公司手中，我的婦人之仁，真的對不起公司……他除了叫我趕快把廣告公司換掉，不要再心軟之外，他也叫我立刻重整組織，我應該自己跳下來做行銷主管，並且叫我為何不乾脆自掏腰包，飛一趟上海，去跟Sam談談，直接告訴Sam，可以把我換掉去做行銷主管就好，不要再老是當著全體主管面前臭罵我，因為當眾的辱罵已經造成有些主管越來越不信任我了，而我當時也問健鵬，若我因為去上海找Sam談，而被Sam說：「算了，你不用做了！」那麼，我就要「回家」囉？

當時健鵬說：「那最好！你就回家啊，你可以休息，也可以幫我做SPA，反正才一家SPA，你也沒什麼事好忙，可以天天做臉做SPA啊！……」

Sam問我：「所以你七月就想過這事？」

我說：「對！我想那是一個直覺吧！但我沒去找你，因為我仍希望再努力看看！所以之後我果斷多了，把廣告公司立刻換掉，自己也跳下來做Marketing Head……，但現在還是讓你失望了！我很抱歉！」

Sam接著告訴我接下來誰會回台灣取代我的位置，我可以做到一月底。最後Sam對我說他最近不太理我，他感到很抱歉，他也不知道要說什麼感謝的話，因為不太會說肉麻的話……此時我想Sam應該是想安慰我，但好像他不太擅長說這樣的話！

於是我趕快為他「解圍」，我說：「Sam，你可以不用說什麼！我想，我真的才要感謝你的賞識，這世界上除了你，根本沒有別人有這樣的膽識，把我這麼早就放在一個我還沒預備好的位置，真的！除了你，沒有別人！是你，讓我有這樣大的舞台，做了這麼多年，我覺得真的很值得了！而且，我很清楚地知道，你是appreciate我的！」

談話結束，我站起身告辭。當Sam把我送到門口前，我已經眼眶充滿淚，但我努力睜大眼、努力撐著，我一點都不敢讓眼淚掉下來……

直到房門砰的關上，我站在旅館的長廊上，眼淚控制不住的掉下來……當時我在他門外看著錶，下午五點半，一會兒七點鐘，我們還有一場大家都必須參加的Gala Dinner，我的心很亂，在走回房間的路上想著：「從進去這房間到出來，才半個鐘頭的談話，我就被fired掉了！我就要離開肯德基了！這樣一個我深深熱愛的公司！一個原本我一直認為會做到退休到老的好公司！而且，我是被我最最尊敬的Sam給親口fired掉的！他曾經那麼欣賞我，要向眾人證明我是潛力無窮！」

我回到房間，一直禱告：

「主啊！救我！主啊！救救我！
保守我的心懷意念！讓我有平安！
讓我知道祢到底要透過這事來教我什麼，
是謙卑嗎？是勇敢嗎？是不抱怨嗎？

到底是什麼？

我真的捨不得離開肯德基！

我這麼這麼愛這個公司，

祢到底要帶我到哪裡去？

祢的美意是什麼？

這是祢的美意嗎？……」

禱告完我安靜下來，竟有個意念在我心裡說：「主必預備！要對祂順服！要有信心！」

我知道若我不硬笑，一定會掉淚！

七點到了，每個人都要進去大會堂參加Gala Dinner，我剛被fired掉，還是要進去參加那盛大熱情的餐廳經理年會，進到會場一下子就看到Sam，我不敢靠近他，有位中國肯德基人力資源部主管走過來輕聲告訴我說Sam已跟她講了我的事了，我尷尬地對她僵著臉，用力地微笑點頭，我說不出一句話來，我用我臉上的肌肉用力擠出笑容。我知道若我不硬笑，一定會突然掉淚！

這時Sam看到我了，他走過來說：「來！抱一下吧！」我知道我不行了！當我靠近他時，鼻一酸就撐不住而掉淚了，我急著趕快跑開，走到沒人看到我的地方，因為有兩千多人在場，好興奮的場合，怎麼可以讓人看到我在哭呢？人力資源部主管一會兒走過來安慰我說：「God will be with you.」我知道啊，我知道神會與我同在，但是我好難過啊！我怎麼會這麼傷心？我怎麼會這麼傷心？

我對她說：「I am speechless.我真的很愛這個team，我最難過的是我讓Sam失望了！」她拍拍我的肩。

當晚在兩千多人的餐廳經理年會，我看到許多傑出的經理人一個個上台受獎，心裡十分恍惚，我才想到這麼些年來，我從未從Sam手上得到任何獎。這麼些年來，我對肯德基所有的付出與貢獻，一路上走得兢兢業業，現在想來也都像是夢一場。

好不容易我強撐著身心結束晚宴，一回到房間，我打電話給健鵬，晚宴前我簡短的傳了簡訊給他，告訴他Sam的決定，這兩三個小時他在台北的家裡一定很擔心。

健鵬接起電話說：「怎麼啦？」

我說：「就被fired掉啦！」

健鵬問說怎會沒有溝通就fire掉了，我說：

「其實Sam有半年都沒理我了！可能早就放棄了！只是等我到明年一月好讓我有一些stock option來慰勞吧！」

我說得有氣沒力，我感到無助極了！

健鵬接下來說了一段話，讓我把悲傷軟弱的心靈一下子激勵起來：「Olga！我一接到你的簡訊，就為你禱告，沒關係，神會與你同在！不用怕！我們成為基督徒，就算沒能得到屬世的主人的喜悅，我們可以得到屬天的主人的喜悅啊！而且，我很確信一件事，神要你做更大的事！我剛才告訴旁邊的一位弟兄，他也說這時你一定要對神有信心，並且絕不要發怨言，以免被撒旦騙去！」

我大致講了一下我與Sam的對話，並一直告訴健鵬說Sam做的並沒有錯，我是不適合這個位子！而且Sam已經幫我承擔了這麼多年的壓力……！

然後他開始安慰我說，就回家幫他做SPA吧！沒事還可以傳福音……最後說再見前，他要我今晚睡前一定要用力地禱告！

我當然還是失眠了，好不容易熬到清晨，五點二十分預計要搭車前去機場，在車上，我突然輕哼著一首詩歌，那是教會李牧師最愛的一首歌：

曾經有個冬夜裡，小城突遇大難，
敵軍來襲攻打它，隨時將被佔領，
大家擔心又害怕，有老人懇求主
求主築牆來保護，堅信主必聽禱告！
這夜風雪已來臨，兵馬已過去！苦難卻未來到！
清晨才發現，風雪已築成了一座雪牆
原來深信主必會垂聽你禱告，永遠不會落空
恆切憑信心禱告，等候主垂聽！
禱告是我們戰勝仇敵的武器，帶給我們力量，
主能帶來火和雨，帶來新的生命，朋友！
要勇敢向神求，尋求祂旨意，抓住祂的應許！
恆切憑信心禱告，等候主垂聽！

我一遍又一遍的唱著，突然，我發現車窗外天色漸亮，且有雲霧飄在街道的二樓高，我看不到天空，陰陰的天色，讓我有種感覺，真的有位天父這時正慈愛地陪在我身邊，祂正一邊聽我唱詩歌，一邊拉著我的左手，我們兩個一前一後走在這街道，我不知要被祂拉去哪裡，因為我看不到祂的上半身，祂像巨人一樣高，高聳入雲霧，我看不到祂的頭，我矮小到只能在雲霧下，被祂拉著往前走，就像跟著一個巨人，要去一個只有祂看得到而我看不到的地方，一個只有祂知道對我最好的地方！

我的心防全部瓦解

當天回到台北家中，才下午三點不到，健鵬沒去公司，在家裡等我，我平靜的清理我皮箱，平靜的開始整理家，把沙發上的雜誌收好、把桌椅拉開拖地板……健鵬走過來抱抱我，什麼也沒說。

直到我把手上的事都弄好，停下來，與他一起躺在床上，我的心防一下全部瓦解，我忍不住開始啜泣，滿心的喪氣與挫敗：「我被fired掉了！我想別人一定會知道我是被fired掉的！因為沒有人不知道我多愛肯德基，沒有人會相信我是主動辭職的，大家都會猜出我是被fired掉的。我將來應徵工作時，怎麼講我離開肯德基的原因？我真的很愛這個公司，現在我連尾牙都不能參加了！我好難過、好難過！怎麼會這樣呢？」

我哭著語無倫次，健鵬靜靜的聽著，然後他說他帶我禱告，他說神應該知道我的正直，我是做錯一些決定，但是神知道我是正直的，難過是一定會有的，但神也會帶我找到平安。

當天晚上，教會還有個週五小組的聚會，儘管心情盪到谷底，我仍撐著去。小組的姊妹們還不知道我剛遭遇工作的挫敗，她們像往常一樣，彼此傾訴著這段時間生活的困境，抱怨自己的丈夫，抱怨自己的男友，我於是發起勁來，教她們要積極正面，要抓住神，因著這樣幫助姊妹們，我的傷痛好像馬上被治療好了！晚上回到家，與健鵬說我居然會唱著詩歌不想停！

就這樣！**一般人可能會感到挫敗到一蹶不振的事，我卻難過不到一天，就好了！**

當晚我有個極其豐盛的睡眠！

隔天是週六，一早我和健鵬居然不到八點半就都醒了！我突發奇想兩個人一起去看早場電影，我們已經好久好久沒有看電影了！妙的是，那部《穿著PRADA的惡魔》

是部發人深省的好電影，看完後我記得的是，女強人的成功，一點也不令人羨慕，因為不會帶來真正心靈的快樂！

看完電影我告訴健鵬，我感覺好像神要我看這部電影來安慰我！

健鵬說了一段非常扎心的話：「是啊，Olga，**你有沒有想過將來你死了之後，到神的面前時，祂不會因為你打敗麥當勞就給你什麼獎賞！神只會問你此生幫助過什麼人？做過什麼好事？拯救過幾個失喪的靈魂？而不是你的問鼎計畫成功了沒！**」

他說我將因不用上班多出很多時間，可以幫他的SPA，還可以開小組，傳福音，多棒！

原來他們這麼以我為傲！

第二天，我決定要讓李平、李安知道這個消息！那是一個週日，晚上健鵬要去喝喜酒，要我自己帶李平、李安去館子吃晚飯，在飯菜都上了之後，我輕鬆地問他們：「如果媽媽有一天離開肯德基，你們覺得怎樣？」

李安說：「不可能！你們公司一定會一直留你，不准你走的！」

我說：「不會啊，我老闆前天就叫我離開這個公司了。他說我不適合這個位子，今年肯德基生意真的很爛，所以我要負責，該要下台，就像阿扁做不好，就該下台啊！」

李平很驚訝的說：「啊？你被炒魷魚了？」

我說：「對啊！不過不用怕，因為神與我們同在！」

李平說：「那你要去哪裡？」

我說：「我還不知道，說不定可以幫爸爸的SPA做好……」

停了一會，李安不無遺憾的問：「那……是不是以後媽媽就不能請同學吃肯德基了？」

我笑了：「怎麼不能！媽媽以前每個月請你們全班吃的炸雞，還有園遊會捐的肯德基，都是媽媽自己花錢買的啊！也不是肯德基出錢的，以後還是可以買啊！」

李安放心的笑了，我再問李平：「如果同學問你媽媽為什麼離開肯德基？你怎樣回答？」

李平說：「就說你累啦！」

我說：「李平！你覺得媽媽離開肯德基，應該要很難過嗎？」

李平說：「不會啊！因為你學到很多東西啊！」

然後兄弟倆開始擔心家裡錢不夠他們去唸私立學校了，我安慰說不會啦！我們還付得起，只要他們功課好一點，我就高興了！

李安說：「媽媽！你走了，最高興的人一定是麥當勞的老闆！因為他們就不怕肯德基了！你沒去肯德基之前，根本沒有人知道肯德基啊！要不是你去肯德基，肯德基還被人以為不存在呢！」

我告訴他們，肯德基在台灣已經二十一年了，我才去快六年，沒什麼了不起的！但他們就是以為媽媽是主要功臣！

我這時才知道他們原來這麼以我為傲！

我的丈夫、孩子對我離開肯德基的來龍去脈，我當然不用隱藏，但公司的同事及對外的說辭呢？我要走了是件大事，公司官方說法是我因個人家庭因素要離職，這當然是個謊言，我不想這樣，但我被告知該顧全大局，不要坦白，這說法我自己都不相信！因為這不是我啊！

「蘋果日報」驚人的報導

沒過幾天，「蘋果日報」很快的知道了這件事，打電話來問我們公關部經理，記者問她新總經理的人選？我為何離開？又問到今年業績怎樣？當然公關部門依照「官方」說法回應，告訴記者我因為私人因素離職。雖然是統一口徑的說法，但我聽到總有種不祥的預感，若登出很糟的新聞，我要怎麼面對別人的眼光？

然而，隔天一早我去買了份「蘋果日報」，哇！超大的版面，大標題是：「肯德基換戰將，明年開店三十家。」

內文寫到我因「策略錯誤」、猛打低價，讓業績掉了百分之十，因為壓力太大被迫離職……又說新來人是位超級戰將……等，總之，對我的批評很無情，很不公平，許多話都是無的放矢。

當下我看了，除了傻眼，我想這下子，根本沒有人相信我是自動離職了！我開始想像會有一群人對我指指點點，幸災樂禍（如麥當勞……），而我的親人（爸媽姊……都不知道我要離職）更是會很心疼，真的是讓親者痛，仇者快啊！

早上看著這樣的報紙壞消息，我正吃著自己出去買回家的蛋餅，而李平、李安與數學家教要開始上課。我吃完後，把報紙拿給他們看，兩個兒子為我打抱不平，都說：「太過分了！亂寫一通！」我想到要跟公關經理講，再有記者問到該怎樣說，才能把傷害降到最低……也試著聯絡Sam，但都沒有回應……

我獨自承受這樣莫名其妙的八卦報紙的批評指責，當下只想找個人說說話，出口怨氣，最後找到健鵬及好友王興陪我，在丹堤咖啡，我輕輕地告訴他們兩個說：「我想這一定是神的旨意，因為祂不希望我要向大家騙說是『私人原因』離職，應該是神要我勇敢面對大家奇怪的眼光，才會讓『蘋果日報』這樣登出來吧！這樣一來，若有朋友問我，我就講實話了！因為我並沒有做錯事，神要我因此去說實話吧！」

當場王興哭了出來，她說她太感動我這樣勇敢！

我說：「王興，我沒辦法呀！應該是神教我要勇敢面對吧！」

接下來一整天，我收到好幾通台大EMBA同學關心的電話及簡訊，多半是看到「蘋果日報」打來的，我不管怎樣說，都沒有辦法說清「為什麼要走」的，很想一一講，但又覺得每個人都不會聽懂的，每個人都以一種「同情」口氣說：「我聽說你要離開肯德基啦！」好像只差沒講：「不要因為被fired掉太傷心喔！」

我真的受不了這樣隱諱，尤其是面對我最親愛的一些朋友，明明我就是很愛肯德基，我怎會因壓力大或是要回家帶小孩而辭職？我不要騙他們！於是我決定發個mail告訴我所有台大EMBA的同學所有的實情，那封mail是這樣寫的：

Dear B班同學：

前天（週六）我的離職消息居然出現在「蘋果日報」上（挺大版面的），有不少同學看到報紙後，對我發出關切的電話或簡訊，我想就此說明一下，免得各位覺得怎麼Olga對B班自己好同學一直隱瞞，或想問又不敢問，擔心我難過……

其實早在今年七月中，我就深深為業績不振而憂鬱症又再犯了，但我從未有一刻放棄的念頭，我真的很愛肯德基，也以為我會在這裡工作到退休到老，我一直努力，直到兩週前（十一月十六），在出差海南島的酒店中，老闆親口告訴我，我不適合這個位子，他說我其實能力很強，但並不適合做台灣肯德基的GM，因為這是一個非常龐大繁雜的公司，在台灣這樣一個遠遠落後競爭對手且極度成熟的市場，是非常困難的！如果我有機會找到我的niche，我絕對有能力manage一個significant business……這是真相，我只想與各位親密的同學分享！

我非常幸運，有個非常愛我的神，及老公和小孩，這種事，若是一般人碰到，很可能會一蹶不振的去自殺或躲到角落去吧！但是Olga卻只難過不到一天就好了！而且我深感高興，因為這讓我更認識神！我覺得這樣的離職過程，很明顯是祂把我推開，祂要我成就更大的事！若不是祂的美意，我永遠不會放棄在肯德基效力……

各位應該知道我與肯德基有多深的感情……本來公司的公開信是說，我是為了「私人理由」要離職，但昨天「蘋果日報」這麼一登，文中有許多對我不公平的報導，不實的指責，我想員工在難過之餘，大部分會對我的離去原因，更有所猜測了，不過他們都很愛我，不會希望是因為公司業績不好我才被……我很難過「蘋果日報」這樣寫，其實對我並不難堪（因為我有信心，我知道認識我的人會結論出「蘋果日報」是亂寫），但對肯德基的員工比較會有傷害……

我老公說：「業績才掉百分之十就這樣？這報導給台灣其他的總經理看到一定很好笑，今年有幾家做到業績？」其實，業績做到或做不到，在我的career中，是種魔咒，做到時真的被捧上天，然後就接著另一年苦日子，因為某年做得太高後，要超越總是非常艱難，然後高高低低，鎮日不安……

我想各位應該要知道實情，而不是帶著狐疑的眼光看我，各位也是愛我的同學，不希望我像報紙亂寫的那樣，我絕不是因業績壓力大而離職，我離職的原因再簡單不過，就是老闆覺得我不是best fit for this position，但老闆深深祝福我找到我的best fit，他一直把我當作他的妹妹！

我也有個見證要分享，附件是我被老闆告知這消息的第一到第三天的心情，我認為是個愛的見證，神的愛，幫助我及我們全家有個極為平安的心……

本週五我們全家會去花蓮，見到面時，請不要對我發出憂愁的問候，要對我有信心，我很好！只要為我加油，說：「靠主得勝！」靠主我有極大的平安，也希望各位從我的見證中知道信靠耶穌，好處一樣都不缺！

B班同學，我離開了肯德基，與各位將有更多的時間相處了，因為我將會回家幫我先生的事業當老闆娘，在肯德基這幾年，我所學到的真的太多、太寶貴了，一定可以幫我先生把他的「以法蓮SPA健康管理中心」做得很棒！我也希望各位有空來坐坐，當面指教喔！

祝各位平安

我們週五花蓮見！

Olga

這封信發出去之後，因為把實話源源本本的說出來，我的心舒坦安靜了許多。

傷心的紙箱

距離我要離開肯德基的時間，已經在倒數了。我開始打包辦公室裡的個人物品，一樣樣收拾，也一樣樣回憶，心情很複雜。有時看到一些東西，會停下來想著當時怎有那樣的熱情與幸運，能做出那些令人激賞的產品與廣告作品！當然偶爾也會看到一些浪費力氣的白工，即使現在看來是白工，當年我也是帶著大家拚著命的衝啊……

當房間搬得只剩一個CD音響時，我再也不想搬了！那個小音響是我在美泰兒時代買的，後來帶到肯德基來，根本很少聽，我打開音響，看見裡面有張CD，那是肯德基每次辦活動或我在頒獎給大家時一定會放的，我最愛其中的一首歌叫「together」，於是再一次我按了play，音樂響起，我看著空空的房間，過去幾年在肯德基的一幕幕襲來，我心裡好痛好痛，我當然是受傷的！聽著音樂，我哭了起來！

打包好送上車後，再回到房間，看著空曠的這間「總經理辦公室」，我停下來想著這幾年每天早上走進這房間做事的樣子，就要揮別了，我告訴自己：「Olga！你會很好的！」然後我走出這房間，關上門向我的祕書說：「我走了！」

這就是我最後一天在我的總經理辦公室，下週一起，新總經理就要上任，我就再也不是肯德基的總經理了！

那段日子還是不時有朋友的關心，有些時候不是所有的關懷都帶來祝福的力量，反而是沮喪。我問健鵬如果他是我朋友，他聽說我發生這樣的事會怎樣問我。

健鵬總是在這些關鍵時刻，發揮他最睿智的影響，他說他若是我朋友，根本不會主動來問聽說怎樣怎樣，因為應該由我覺得舒服才講，健鵬說：「Olga！**你應該要覺得這是一定會發生的，因為百分之九十五的人應該是會『幸災樂禍』的，誰教你太早成功呢？你應從這次經驗中學習到憐憫，因為你這一生很少失敗，現在知道這滋味，以後看到別人失敗，你就真的會有同理心了！**」

健鵬還說，他今天幫我把公司搬回的那幾個紙箱搬到房間時，他都可以感覺到我的難過，他說他一邊搬，一邊在想我在公司整理這些紙箱時，是什麼心情呢？是不是很傷心？我說我整理時，心裡有無數的嘆息……後來那些紙箱好久我都不想去碰，我稱它們為「傷心的紙箱」！

回首過去，這件事其實給我很大的祝福，因為從中我學到很多，離開的這一兩年來，還是有很多媒體對這件事的來龍去脈很感興趣，我思考過後，不但對媒體坦承我不是自願離職，公開了我認為我該對公司負責的一些學習，也告訴了日後所有對這件事好奇的人，包括我的親朋好友，獵人頭公司及我的面試新老闆……等所有人，我一點都不想隱瞞！一點都不覺得丟臉！

我知道我沒有故意去做任何對不起公司的事，被迫離開，的確是因為我有必要為一些我的錯誤決定造成的結果負責，我知道老闆對我失望，信心全無的原因，是因為我在二〇〇六年完全失去信心，無法成為一個好的leader，我應該要負責，我沒有任何怨言，對老闆及公司團隊的提攜與支持，我一直覺得感謝！

我說出離開肯德基的真實原因，是希望這個故事能給更多人學習，學習要勇敢面對承認錯誤，學習要永遠不失去信心，學習要堅持做對的決定，學習要樂觀面對失敗，學習要珍惜身邊的家人，學習要順服神的帶領，學習如何度過一個：沒有恐懼的人生！

幫老公經營SPA

現在我連SPA的紙杯用完了，都會不辭辛勞地走很遠的路，跨過幾條街去找到人家推薦最便宜的商店買。過去我哪裡會想到這些小東西有這麼重要？

二〇〇七年一月，我開始失業了。

健鵬創業已經七年，他做的是健康產業，經營一間小小的SPA。為了不讓我在家胡思亂想，他邀我一起經營這間SPA，我信心滿滿地進到那裡，開始赤手空拳的日子。

Olga！你連辦公桌都沒有！

那是一間只有五個員工的SPA，加上一位約聘的醫師，幫客人做非侵入性的能量健康檢查，以負離子甕排毒，加上營養品管理，及精油按摩療法讓客人養生，第一天上班，我蓄勢待發，滿心想著要如何幫健鵬的忙，早晨起床還在刷牙，我就忍不住含著滿口牙膏泡泡問健鵬：「你今天要給我做一個orientation（公司簡介），這樣我才可以幫你去開拓……」

「什麼orientation？這些我們都沒有，Olga！你連辦公桌都沒有！」健鵬一面刮鬍子，笑著打斷我。

我聽了也覺得好笑，但我立刻用非常激勵的話說：「別忘了《聖經》說『生死在舌頭的權下，喜愛它的就必吃它所結的果子。』健鵬，話語是有權柄的，我們要說造就的話！」我繼續說：「你不應該說我們什麼都沒有！你應該用信心宣告說：『我們將會有五百位員工，將會有一年五十億業績！』」夫妻倆都笑了。

我們走路去上班，從此一起開始夫妻共同打拚事業的日子！

我果真是沒有辦公桌的，進到櫃台，角落有一台古董級的電腦，光開機就要等三十分鐘才能用。公司員工都是一些非常年輕的小妹妹，做勞力工作的她們對我來說，是一群值得敬佩的人。雖然我沒經營過SPA，但是肯德基的經驗，讓我知道所有服務業都有一定的服務流程，我帶著她們一步步規劃，從房間佈置、衛浴設備的清潔、身上的制服搭配、SPA的療程介紹、一直到送客人到電梯說再見，我們都要要讓消費者有高服務水準的感受！

我還規劃出激勵競賽、早會晨間認同鼓勵、外出體驗別人的服務、自我承諾做到更好的事情有哪些，並畫在海報上貼到員工休息室……我幾乎把肯德基學到的十八般武藝全部都用上！

天天我都在想如何提升服務、提升業績，我常一個人清晨花十五元坐著902號公車搖搖晃晃穿過市區到好遠的內湖花市，買一大束便宜又漂亮的鮮花來佈置SPA，也常帶著SPA裡的小妹妹們坐公車到IKEA、Hola……去買平價的精油燈、花茶杯、蠟燭等公司用的小東西。

還有一次公司要換制服，我就帶五個員工到東區路邊攤逛逛，要找最便宜又最耐看的制服。當我蹲在地攤殺價時，我突然不經意想起過去肯德基的風光歲月，光換個員工制服，全省一百多家餐廳的員工就是五六千人要換，雖然公司有專業的供應統籌部找廠商招標，從看設計、比價、輪區汰換制服……整個工程下來也得花上整整一年時間，這下子我才兩小時就搞定了，不也很棒！

SPA的客人很少，有時一天只有兩個人上門，公司小，沒有預算，我只能用不花錢的email做廣告，首先想到的是自己的熟人、同學、朋友、同事……他們應該都有需求，我努力寫著email給他們，提醒他們我們有哪些療程，會給予怎樣低廉的試用價錢，果然不久就有人上門，其中有台大EMBA的同學，Yahoo!Kimo的子弟兵，過去肯德基的同事從中國來台的國偉，我最常合作的導演李幼喬夫妻，連Sam和他太太Carol也來過，Sam知道我的古董電腦暖機超慢，還送了我一台IBM的notebook！他們都是我心目中雪中送炭、慷慨解囊的貴人！

我的學姊王興更是一直買課程，還常常帶東西給我們員工吃；我過去媒體廣告公司的老闆余湘，不但買了最多的療程，還常常送給我們一些當期的雜誌放在SPA給客人看；我台大EMBA同學張偉昌帶他太太來做過後，還請他太太寫一篇媲美廣告專業文案的試用心得email，像是「證言式」的廣告一樣發給全班同學叫大家都來做；還有我們台大EMBA 93B班的班代乾哥，雅芳總經理王子云都非常講義氣，子云不但自己買課程，又掏腰包買我推出的一項優惠券，一買就是三十張送給公司祕書慶祝祕書節，甚至別班的同學都來了……雖然我不再是位高權重的總經理，這些人卻沒有離開我，在他們身上，我看到人性的光輝！

名片印的是執行長，但也要清魚缸！

但是好景不常，做生意不能只靠溫暖的友情贊助捧場，三個月後客人就大幅下滑。

我天天都很著急，覺得自己和健鵬不但一直沒有薪水可領，看著SPA仍在虧錢，真是非常沒有安全感，我開始焦慮地找外面的客源，聯繫許多大公司的員工福委會，跟他們提案利用午休的時間，讓我們的醫師去做免費健檢，做完後再給他們建議的SPA療程，並且贈送免費試用券。但是我的滿心熱情，效果卻不佳，回來後，我一一打電話去問要不要約時間，往往十通電話打出去，九通是冷冷的回答說：「我不需要！」沒等我講第二句話，就掛上了！

有次去一家大公司做免費健檢，我和健鵬搬了設備去他們的會議室佈置好後，我走到茶水間倒茶給醫師喝，當我看到茶水間有一整排的咖啡包、茶包、糖包、紙杯、點心……滿坑滿谷好似取之不盡、用之不竭，我突然好感慨！

回到會議室時，我告訴健鵬我覺得好辛苦，以前在大公司從來沒想過這些福利有多了不起，現在我自己當老闆才知道什麼東西都要掏腰包買時有多珍惜，現在我連SPA

的紙杯用完了，都會不辭辛勞地走很遠的路，穿過幾條街去找到人家推薦最便宜的商店買。過去我哪裡會想到這些小東西有這麼重要？

健鵬說：「Olga！創業真的不是普通人能做的事情！你在大公司習慣了那些資源，覺得是理所當然！現在你知道這些的可貴了吧！」

是的，我過去從沒想過在大公司做事，可以享受哪些資源，理所當然地看總務部的同事去採購文具，做辦公室維護……那些工作雖是微不足道，但現在輪到自己做，才知道是多麼辛苦。

有一天我收到一篇文章，王文華寫的〈沒有名片，你還剩下什麼？〉當下非常震撼，他寫得如此傳神，完全直擊我心底。有幾句話，我印象特別深刻：

「名片印的是執行長，雖然他也要清理魚缸。」

「當我們卸下角色之後，還有沒有一個真正的自己，在一旁熱身已久，可以立刻上場做救援投手？而當我們做自己時，還有沒有真正的朋友，可以在烈日的球場，聲嘶力竭地替我們加油？」

看完後我忍不住立刻找人拿到他的手機號碼，打了電話給他，是留言，但我大膽地留下我對他的感謝，我謝謝他寫這麼傳神的文章，讓我感到非常安慰！沒想到沒多久，王文華竟回電給我，並還來SPA看我，更帶了朋友來捧場！這樣溫暖的人，讓我非常欣賞。

我們夫妻兩個一同經營SPA，忙得每天都早出晚歸，業績雖然有成長，但是夫妻一同工作也有缺點，往往我們對員工的要求標準不一樣，健鵬較有耐心，總是覺得慢慢教，可是我的性子急，一看到員工有一點點對客人不仔細的動作，我就不能忍受……在這個小公司裡，我給大家、也給自己過大的壓力，我和健鵬之間也開始有小齟齬。

有一天，我與學姊王興聊天，我跟她說我的憂慮，我說我很努力的把SPA能做的事情都做光光了，有些事情我急但又急不來，每天都覺得很無力，想施展卻沒有空間，實在無聊得發慌……

我說我覺得很挫折，當初我到健鵬這裡幫他，我以為是神的旨意，我想神要我離開那麼一個位高權重的位置，應該就是要我回歸平淡，學習謙卑，但現在為什麼我這麼不快樂？這麼憂慮？這真的是神賜的福嗎？但是我若去找工作又覺得對不起健鵬，我心裡好矛盾！

王興告訴我：「Olga，當初離開肯德基，你已經證明了你有一顆勇敢的心，去幫健鵬並沒有錯，但或許你還有另一條路，可能上帝要給你比這個更好的。」

我靜下心來，仔細想著這一陣子，的確有一些機會敲門，像是Disney、Nike等等品牌，可是我總是意興闌珊。過去在肯德基，我投入太深、太入戲，一下子還無法抽離，肯德基就像是我「相戀多年卻被迫分手的男友」，因為我太愛這男友，以至於不覺得有哪個男人比得上它！感情專家不是常常告訴我們：「治療失戀最好的方法，就是去找一個新的男友。」

化了妝的祝福！

我想起剛被肯德基fired掉時，就立刻找上門來，卻被我拒絕的Timberland（台灣天柏嵐公司，美國戶外休閒鞋與服飾品牌，已經有三十五年的歷史），他們的品牌特質是非常戶外，強調工匠技術，並且崇尚自然，保護地球，重視環保不遺餘力，這不正是我喜愛的嗎？只是隔了大半年了，當時他們要找的台灣區總經理職缺，不知道是否已經找到了適當的人選？

我決心一試，第二天就寫mail問Timberland機會是否還在，對方也很快回信，告訴我還在找人。Timberland很挑，一直沒看上誰過，既然我有意願，正好Timberland亞洲區總裁恰巧在台北出差開會，他們緊急約了我隔天見面。這真是太……太巧了！一個一年可能只來一次或兩次的面試官（其實他就是我未來的直屬老闆），竟然就近在眼前！

於是我立刻就被安排在君悅面談，我早到半小時，心情平靜，開始一直禱告。我禱告一會兒的面試，我可以表現出真正的我，也希望這位亞太區總裁可以源源本本地告訴我Timberland公司真實的一面，好讓我知道這工作到底適不適合我。若是適合，我祈求神讓真實的我將來能被Timberland珍惜！

接下來的面試，真是個奇蹟！我竟然不費吹灰之力就贏得Timberland的好感，這位亞太區總裁幾乎一直在介紹他們公司，好像根本不對我有什麼懷疑，當輪到我講自己的工作經驗時，他也不是帶著一種考驗的語氣，而是很認真誠懇的聽我說我過去所有的工作經歷。

當我說到我在肯德基的歷史，我非常簡短地帶到我曾經創造過一些紀錄，做出一些叫好叫座的新產品，及甚至到現在都還有人在談論的經典廣告片，但我接著坦承說明我為什麼離開，我說去年我做得很差，然而我並不是自己放棄而辭職，是我的老闆覺得我要為一些錯誤的決定負責，於是他們叫我走，我說這件事影響我很深，但我沒有任何怨言，我知道我可以從這裡學得一些教訓，例如堅持自己的信念，不要人云亦云，這經歷讓我將來可以成為一個更好的leader！我跟他說我相信這是一個化了妝的祝福！

面試中總裁還問了我一個問題：「我們這邊的業績與廣告預算，只有你在肯德基的十分之一，你怎麼想？」

我毫不猶豫地回答他說，我這些日子幫我老公經營SPA真的是完全歸零，一點錢都珍惜到不行。光是五萬元台幣，我就能做很多事了，更何況是每年有一兩千萬的預算！當總裁非常認真地聽完我的肯德基離職過程後，直說我是一個非常誠實的人。或許就是這樣的特點，我得到了這份工作，二〇〇七年六月，我走馬上任成為Timberland台灣區的總經理。

到現在我仍然很珍惜與健鵬一起經營SPA的那五個月，如果沒有這段經營小生意的經歷，從肯德基直接跳到任何公司上班，我很可能都會無法適應，也很可能會爬不起來！但是這五個月沒有名片的日子，讓我從中學到了感謝與珍惜！我感謝那麼多的好友來雪中送炭，我珍惜赤手空拳打拚的感覺，我學會了珍惜過去不懂得珍惜的資源！更珍惜健鵬創業的辛苦意志力！

比起他，我在大公司做的事情並沒有多了不起，因為他是這樣的毫無資源在做事！比起他，我沒有什麼好驕傲的，因為我不過是有大公司的光環，當沒有光環，我從somebody變成nobody時，我的意志力是遠遠比不上他的！

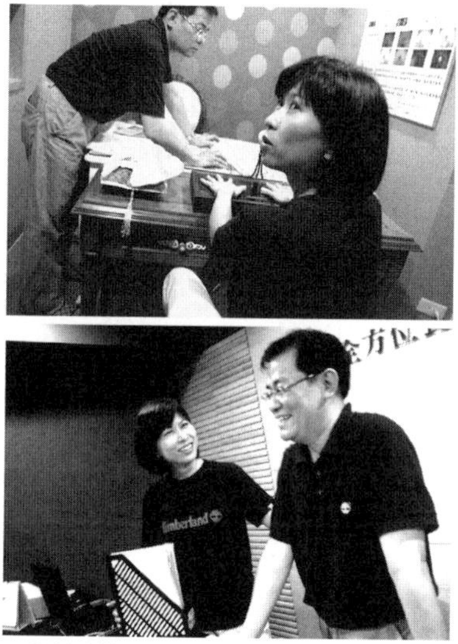

我很珍惜與健鵬經營SPA的日子，讓我學到感謝與珍惜！（Good TV好消息衛星電視台提供）

現在的我

我的人生上半場，好像都是汲汲營營地在追求成功，過程中我失去許多寶貴的東西，我失去過婚姻，失去過親子關係，失去過健康得到憂鬱症，真的值得嗎？

過了六月二十七日，我就四十三歲了！我沒有覺得自己很老，甚至覺得自己正處於人生的黃金歲月，我覺得越來越喜歡自己！

這幾年的經歷，從一個天真的小女生、初出社會工作，到結婚、生子、離婚，再結婚，當上外商公司總經理，我的人生上半場好像是戰無不勝，攻無不克！

但有本書叫《人生下半場》說到：

「人生像是一場球賽，就算上半場打得再好，下半場若是輸了，還是輸了！」

回首想起我的人生上半場，好像都是汲汲營營地在追求成功，過程中我失去許多寶貴的東西，我失去過婚姻，失去過親子關係，失去過健康得到憂鬱症，真的值得嗎？我的人生下半場要怎樣打這場球賽呢？我要好好想一想。

因此中場休息變得非常重要！中場休息時要檢視自己上半場有什麼失誤，下半場要怎樣避免……

被肯德基fired掉失業後，我去老公經營的SPA公司幫忙，那五個多月好像就是我的中場休息，在那段期間，我常常讀《聖經》、禱告，思索著我人生下半場的球賽策略！

我的人生下半場，不再是追求成功，而是追求意義！

再回到職場做事，我變得心態輕鬆，不再那麼汲汲營營追求業績，雖然業績很重要，但我學到用智慧來判斷什麼是對公司、對客戶、對消費者最好的事。如果業績不到，我會檢討，但不再像以前那樣易怒、慌亂。歷練過上半場的一切，我知道要更謙卑，更珍惜身邊所有！

我感謝上帝給我一個美麗的禮物，讓我來到Timberland這個公司，這是一家非常可愛的公司，我進來一年多了，去過內蒙古種樹，代表公司做環保運動，參加單車環台，還找到最優秀的主管，一起做社區服務，開出好幾家環保概念店，也與團隊達到業績成長！

我常常被邀去演講，把我的人生故事講給人家聽，我的婚姻，事業，親子關係……碰到過的難題，現在看來，原來都真的是「化了妝的祝福」！

《聖經》中說：「鼎為煉銀，爐為煉金；唯有耶和華熬煉人心。」又說：「我熬煉你，卻不像熬煉銀子；你在苦難的爐中，我揀選你。」這些經文帶領我用不一樣的眼光去看這些別人可能覺得非常倒楣糟糕的事情，神讓這些奇怪的事情發生在我身上，是祂很清楚我可以依靠著祂過得去，表示祂還看得起我，而且分享這些經歷時還可以讓聽到的人一起學習成長！這是一件多麼有意義的事情！

我們一家四口的狀況也很令我珍惜，我的老公除了繼續經營他的SPA外，他還去唸了生命培訓學院，我希望他有天可以成為牧師，去傳福音，其實我們現在就常常去傳福音講見證，有一天我可能會變成李師母！

至於家裡的兩個青春期少年李平、李安，是我目前人生最大的課題！我完全沒法用工作上的那一套來帶他們！——我想上帝是要用他們兩個來修正我的獨斷獨行吧！他們在別人面前非常的溫文有禮，但在家裡，可是對我非常直接，朋友說這是因為他們把我看得比較親的表現！

我非常謙卑地檢討自己要如何做一個好母親，最近去上了一個圓桌教育基金會的的課程叫「改變的力量」，學到幾句挺有道理的話：「家不是講道理的地方，而是講情理的地方！」「孩子的錯誤不是用來責備的，而是用來輔導的！」「認錯，就是對的開始」……我還因此跟李平、李安道歉，這道歉的過程比較起跟老公的教會道歉記，精采度毫不遜色！有關我跟孩子相處的故事，應該可以讓我寫第二本書！

為了留下永遠的回憶，李平、李安考完高中後，我帶著他們去騎單車環台，在環台的九天內，我和兩個孩子的關係又進了一步！我有一個部落格，在上面有我兩次環台的精采照片及故事，我的部落格經營一年多就已經有多達近兩百篇文章，兩千張照片，我的生活點滴盡在其中，目前已超過九萬人看過我的部落格！我熱愛分享，因為我希望我的故事能對別人有幫助！

沒有恐懼的人生

至於把我fire掉的肯德基老闆Sam，仍是我的良師益友，前幾個月他來台北時，我們還一起吃飯，他仍會為我在Timberland工作上面臨的問題解惑，我也仍舊敬佩他的智慧與經驗，我永遠永遠都視他為我職場生涯上的貴人。

我不能（也不想）那麼快忘掉我在肯德基的回憶，每次經過肯德基餐廳，看到肯德基爺爺的招牌，或是每次在電視上看到肯德基的廣告，我心裡都有一種激動，這告訴我：我還是很愛很愛這個公司，我希望這品牌能越來越好。

那天吃飯時，我跟Sam聊到過去肯德基的一些事情，記得的真的全都是美好的回憶，當我說我最愛的一支廣告是那支他寫的文案「和尚出家篇」時，他笑了出來！想到那句：「師父，恕弟子塵緣未了！」是那麼的經典，我們兩個都笑了！

這本書一直沒有提到我的原生家庭，我是一個眷村長大的孩子，家裡雖然一點都不有錢，但父母從小讓我學遍所有的才藝，跳舞、古箏、國畫……什麼都有。我爸爸是岡山空軍機校的教官，在我小學六年級他就退伍了，一直在家到現在近九十歲了身體還很硬朗，我的媽媽也在空軍機校當雇員直到退休，現在七十多歲也還聲若洪鐘，唯一一個大我六歲的姊姊在當英文老師，我非常非常愛我的姊姊，幾乎什麼事情都可以跟她說。從小我就被家人視為「吳家的光榮」，這應該是我為什麼能這麼有自信的原因，爸爸總會把我在媒體的報導影印護貝後寄到他大陸福建的家去獻寶！爸爸影響我非常深，尤其是我的道德觀念與價值觀。他是一個極度正直的人，看到貪污的人就認為應該抓去槍斃！這強烈的觀念，讓我出社會後不論碰到任何金錢的試探都可以拒絕而安然度過！到現在爸爸還會常常寫信給我，甚至給李平、李安，信中不外教導一些人生的道理！我真的非常幸運，有這樣一群愛我的家人！

我的信仰幫助我很大，雖然台灣目前只有百分之三的基督徒，而我也才信主不到四年，我在寫這本書時曾感到猶豫該不該一直提到我相信的神，我不確定這樣會不會引起反感，但不提怎麼可以呢？因為我這幾年遇到生命中最大的轉折，能一一渡過難關，可以跟先生破鏡重圓，在事業的雲端跌落，還可以微笑前進，都是跟我的信仰有關，我深信我這樣的不完美、不配得的人，能有這樣豐富的人生，絕對是祂的恩典。透過禱告，我決定要出這本書，為了要榮耀祂！

我希望看完這本書的朋友，能像我一樣有個中場休息的時間來思考人生下半場的策略，能認識自己，能勇敢承擔責任，知道熱情是一切的敲門磚，並相信愛與信心是一切的力量，還能像我一樣認識神，倚靠祂，知道如何走完一個沒有恐懼的人生！

我加入Timberland，去過內蒙古種樹，帶領團隊做社區服務，也開出好幾家環保概念店，與團隊一起達到業績成長！

李平、李安考完高中後，我帶著他們去騎單車環台。

【後記一】一直沒忘掉的許諾

比利

「聰明、漂亮、善良」，聽起來很俗套，也沒什麼人文深度，但這是Olga和我在她離婚當日，我們一群友人為她舉辦的「離婚派對」上許下的承諾。承諾的內容也似乎有些幼稚，大抵是期許自己和交往的友人都要有這三樣特質，其中尤以「善良」一項最是重要。

認識Olga是透過開蓮的介紹，由於當時兩人的辦公室十分鄰近，不時會在街頭相遇，但也僅止於點頭之交。直至她有一回刻意想安排與健鵬的二度蜜月，請我給些旅行的建議時，我們才開始有較多的交談。交談的過程中，我隱約感受到她在婚姻中正面臨些許問題，這趟旅行於她或許是修補問題的契機。

基於專業要求與朋友關切，我在他們行程結束後去電致意並詢問一切安排是否合意時，她友善的回答：「一切安排都很好。」但語氣中仍透露出某種遺憾。顯見地，她想藉旅行修補問題的目的並未能做到。於是，我挑明了問：「你們的婚姻是不是出了問題？」Olga竟也坦率地回答：「是。」之後我們就在辦公室旁的小咖啡館幾番長談。我開始對Olga的生活點滴有了許多認識，當然也深入認識Olga這個人。

她在反省婚姻的狀態時，從不曾惡意指責健鵬，只是渴望找回初戀及新婚時的熱情。當工作及生活諸多壓力接踵而來時，她發現自己面對健鵬的心態出了問題。在當時，她完全不知要如何調整那樣的心態，長期積壓的不快，讓她有了想脫離婚姻的念頭。爾後，她也確實與健鵬達成了離婚的協議，而我還是離婚證書上的證人之一。

單身的Olga有了更多與我及其他朋友相處，甚至夜店狂歡的機會，然而單身生活也似乎不盡如人意。雖然不乏追求者，Olga渴望的熱情依然沒有出現，反倒是寂寞更多了些。

Olga開始尋求靈媒的指引，無論是香港的鐵算盤，或者來自澳大利亞的神算，Olga總是不辭辛勞，也不計算花費的往返香港、新加坡等地拜見他們，以求得解答。其中澳大利亞的女神算還慎重其事的錄了一張CD片給予Olga在工作及婚姻兩部分的導引。身為朋友的我自然也認真地反覆聽上好幾回，只是沒有靈性的我總也聽不懂到底正確的指引在何方。

儘管處於離婚狀態，Olga與健鵬仍保持聯繫，也會一同帶著雙胞胎兒子出遊。某日健鵬邀我與他的SPA同業共餐討論休憩事業現況時，我不經意地問起：「有女朋友了嗎？」健鵬閃避式地回答：「不算！不算！」這到底是有抑或沒有呢？當我進一步追問時，他只是長嘆了一聲：「唉！」然而一旦說起Olga，他卻有藏不住的關切，也從未因Olga提出離婚而怨懟以待。我當下有了這樣的想法：健鵬依然是愛著Olga，而Olga會再嫁給這個男人的。

我把這個想法說給Olga聽時，Olga不可置信地直說：「怎麼可能？」事實證明，在婚姻這部分，我雖沒神算或通靈的本領，但直接旁觀甚至感受到他們之間情感的交流，才是最真切的導引。

Olga的個性屬於即知即行者，在工作上也總是一馬當先，同時完全付出，卓越的表現讓她在極年輕時就被拔擢為外商企業的總經理。當她需要喘息時，她也毫不猶豫地接受職位較低，薪資較少的新工作，她依然是全力以赴等待再一次的躍起。

直至由台灣KFC的行銷主管升任至總經理期間，數支膾炙人口的廣告腳本及讓人津津樂道的行銷企劃，不但讓公司的業績迅速成長，也讓她個人獲得極大的工作成就感。

在一旁的我們聽到她描述腳本及企劃的成形過程時，也很能直接分享到那份喜悅，而她總不忘說到這一切真正的舵手其實是她的老闆，由於老闆對於市場及產品的敏銳才能有那樣的成績。然而隨著景氣循環及幾個新產品推出的成績不如預期，事業上，Olga陷入前所未有的低潮，最後的結果竟是Olga遭到解聘。

旁觀的我百思不解地問Olga：「為什麼？」她仍然以近乎崇拜神似的態度為她的老闆解釋：「他做這樣的決定一定是有原因的。」絲毫沒想過這也或許是個「錯誤的決定」，但善良如Olga只有自責沒將工作做好，最後甚至內化：被fired也是一種祝福！然而我清楚地了解這段漫長的內化進程其實對Olga是段痛苦的煎熬。今天她能以文字將這段過程詳實敘述出來，我確知她真的相信當時被fired真是一種祝福。

「聰明、漂亮、善良」的許諾，Olga一直沒忘掉，因為她一直在實踐著。與之所至，Olga常會尊稱我為「哥哥」，而我以有這樣一位妹妹為榮。

【後記二】在愛中成就了一切

李健鵬

真的想不到Olga的故事竟然要出書了。要為這本書寫序真的很難，因為我們都是很平凡的人。我們的成長、結婚、分居、離婚，到再次結婚，若不是有我們生命中的主，我們的婚姻或是Olga的一切，將會是非常平凡，甚至悲慘。

我們從一開始相識就是一個辦公室戀情，到了結婚以後，我們所在乎的就是世俗所謂的成功。尤其是我，還將這種價值觀影響了Olga。我們渴望早日成功，多賺點錢、職位越高越好、房子越大越好、開車要開雙B……簡單來說，就是名與利，可悲的是當你一陷入這個成功的漩渦之後，就好似無法自拔；當你開了BENZ，就想要開大BENZ，而廣告業又不斷教導你成功與品味的典範，讓你以為開老爺車就象徵失敗或沒格調。

一切評估成功的標準就是名與利，而我們也沉迷於其中，我們一直以全力投入工作為榮，以工作成就來肯定自我價值，如此一來，我們當然無法兼顧我們的婚姻、小孩及家庭，因為一切看來好像只要有錢都很簡單，孩子交給保母，家事請佣人，加班是正常，有時準時下班還不知道回家要幹嘛！最後乾脆找同事聚餐或找理由去應酬，而即使我和Olga兩個人回到家，竟然也是討論公事。

在我和Olga的生命中，工作是第一位，家人、孩子早不知道排到第幾。我們一切的作為，都在符合別人對我們所期待的「成功」，讓家人以我們為傲。當別人稱讚我們時，我們表面上說謝謝（代表信心），骨子裡卻想著當然，心中的驕傲油然而生，這樣的生命、這樣的婚姻是建造在名、利之上，就像房子建造在沙灘上，沒有根基，而一旦有暴風雨來時，如何承受得住？

「思念總在分手後」，「失去了才會珍惜」，從我們決定分居的那一刻起，我雖然很有風度地帶著孩子去幫Olga搬家、裝家具，一切表現好像都很大方，但當隔天，我在Olga的化妝台上看到一個氣球，母親叫我到旁邊，對我說：「李平放這個氣球，是希望媽媽早點回來。」當時我突然難過到淚如雨下。

天啊！我們實在太自私了，我們只顧慮到自己，我們有想過孩子的感受嗎？他們雖然很小（當時小二），但我們做父母的沒有權力，奪去他們的父愛或是母愛，因為我自己也在缺乏父愛的單親家庭中長大，我知道這對孩子會是一個多麼大的傷害！

感謝神！那時，雖然我不認識祂，但是祂在造我時，給我一份「良心」及「愛」，就是這份「良心」及「愛」，幫助我以擁有孩子、愛孩子為滿足，因為這一點，在與Olga分居到離婚這段期間，「恨」自然無法在我們中間立足。

我每天送孩子去學校，還在學校當晨間的英文爸爸（其實學校裡幾乎都是英文媽媽），我以此為樂。為了帶孩子去找好的安親班，還李爸三遷，終於找到一個理想的雙語安親班，只要孩子一下課，我一定放下工作去接他們回家。

也就是這分「良心」與「愛」幫助我和Olga之間還維持著良好的聯繫，雖然我們溝通的內容也只是關心孩子去她家住得好不好等等。在我買了一間大房子後（其實也是想給孩子大一點的空間，我擔心他們的近視會不斷加深），我也勸Olga買間房子，我還幫她看房子，也幫她殺價，就是這份愛支持著我，當我在事業艱苦及失去婚姻時，度過我生命的最低潮。

所以當Olga提到再次結婚時，還好有這份「良心」及「愛」的基礎，我們才能一家人再重新聚在一起。

謝謝神！在與Olga第二次的婚姻中，我認識了祂，也成為祂的兒女。《聖經》上說信主的人就是「新造的人」，既是新造的人，舊事就已成為過去。

我們在主的愛中重新建造我們的家庭，重新建造正確的生命及價值觀，我們的孩子在第二年也信主了，我們現在可以說是一個基督化的家庭，和之前最大的差異就是如同《聖經》上說的「基督是磐石」，我們的生命是奠基於基督的真理之上，這使得我們全家能享受真正的愛，以及一切的豐盛。

所以當Olga在工作上遇到困難時，我們也不會害怕，因為我們可以倚靠神，祂就是我們的避難所。

在充滿不安、謊言的現代社會中，我希望有機會讀到這本書的朋友，當你看到Olga的故事最後，最重要的是你能見到她生命中主宰她的神，及在她生命中的那位神奇妙的帶領，進而有機會認識祂，不要像我們一樣經歷這麼多苦難後，才能認識祂，願神祝福你們。

國家圖書館預行編目資料

像我一樣勇敢：被FIRED也是一種祝福／
吳美君. -- 初版. -- 臺北市：寶瓶文化，
2008.12
面； 公分. --(vision；76)
ISBN 978-986-6745-53-9(平裝)
1. 自我實現 2. 生活指導 3. 通俗作品
177.2 97021150

寶瓶 AQUARIUS

vision 076

像我一樣勇敢——被FIRED也是一種祝福

作者／吳美君

發行人／張寶琴
社長兼總編輯／朱亞君
主編／張純玲・簡伊玲
編輯／羅時清
美術主編／林慧雯
校對／張純玲・陳佩伶・余素維・吳美君
企劃主任／蘇靜玲
業務經理／盧金城
財務主任／歐素琪 業務助理／林裕翔
出版者／寶瓶文化事業有限公司
地址／台北市110信義區基隆路一段180號8樓
電話／(02)27463955 傳真／(02)27495072
郵政劃撥／19446403 寶瓶文化事業有限公司
印刷廠／世和印製企業有限公司
總經銷／大和書報圖書股份有限公司 電話／(02)89902588
地址／台北縣五股工業區五工五路2號 傳真／(02)22997900
E-mail／aquarius@udngroup.com

法律顧問／理律法律事務所陳長文律師、蔣大中律師
如有破損或裝訂錯誤，請寄回本公司更換
著作完成日期／二〇〇八年九月
初版一刷日期／二〇〇八年十二月八日
初版十七刷日期／二〇〇九年一月六日
ISBN／978-986-6745-53-9
定價／三〇〇元

AQUARIUS 寶瓶 文化事業

愛書人卡

感謝您熱心的為我們填寫，
對您的意見，我們會認真的加以參考，
希望寶瓶文化推出的每一本書，都能得到您的肯定與永遠的支持。

系列：Vision076　**書名：像我一樣勇敢——被FIRED也是一種祝福**

1. 姓名：＿＿＿＿＿＿＿＿　性別：□男　□女
2. 生日：＿＿＿年＿＿＿月＿＿＿日
3. 教育程度：□大學以上　□大學　□專科　□高中、高職　□高中職以下
4. 職業：＿＿＿＿＿＿＿＿
5. 聯絡地址：＿＿＿＿＿＿＿＿＿＿＿＿＿＿＿＿

   聯絡電話：＿＿＿＿＿＿＿＿　手機：＿＿＿＿＿＿＿＿
6. E-mail信箱：＿＿＿＿＿＿＿＿＿＿＿＿

   □同意　□不同意　免費獲得寶瓶文化叢書訊息
7. 購買日期：＿＿＿年＿＿＿月＿＿＿日
8. 您得知本書的管道：□報紙／雜誌　□電視／電台　□親友介紹　□逛書店　□網路　□傳單／海報　□廣告　□其他
9. 您在哪裡買到本書：□書店，店名＿＿＿＿＿＿　□劃撥　□現場活動　□贈書　□網路購書，網站名稱：＿＿＿＿＿＿　□其他＿＿＿＿＿＿
10. 對本書的建議：（請填代號　1.滿意　2.尚可　3.再改進，請提供意見）

    內容：＿＿＿＿＿＿＿＿＿＿＿＿

    封面：＿＿＿＿＿＿＿＿＿＿＿＿

    編排：＿＿＿＿＿＿＿＿＿＿＿＿

    其他：＿＿＿＿＿＿＿＿＿＿＿＿

    綜合意見：＿＿＿＿＿＿＿＿＿＿＿＿＿＿＿＿
11. 希望我們未來出版哪一類的書籍：＿＿＿＿＿＿＿＿＿＿＿＿

讓文字與書寫的聲音大鳴大放

寶瓶文化事業有限公司

（請沿此虛線剪下）

廣　告　回　函
北區郵政管理局登記
證北台字 15345 號
免貼郵票

寶瓶文化事業有限公司　收

110 台北市信義區基隆路一段 180 號 8 樓

8F,180 KEELUNG RD.,SEC.1,

TAIPEI.(110)TAIWAN R.O.C.

（請沿虛線對折後寄回，謝謝）